열리는 능력시대

열리는 능력시대
THE AGE OF POWER

한홍 지음

규장

저 자 의 말

진짜 능력의 시대가
열린다

    세상에서 가장 모욕적인 말 중 하나가 '무능력한 사람'이라는 것입니다. 아는 것도 많고, 좋은 말은 많이 하는데 실제 삶에서는 그것을 하나도 실천하지 못하는 사람이지요. 착하고 좋은 사람이지만 아무 능력이 없으니 일을 믿고 맡길 수도 없습니다. 무능력한 가장은 가정을 불쌍하게 만들고, 무능력한 상사는 회사를 어렵게 만들며, 무능력한 지도자는 나라 전체를 도탄에 빠뜨립니다.

    이것은 영적인 세계에서도 마찬가지입니다. 성경은 '경건의 모양은 있으나 경건의 능력은 없는 것'(딤후 3:5)이 얼마나 비참한지를 수없이 말합니다. 능력 없는 이스라엘 백성은 법궤를 가지고도 블레셋 민족에게 대패합니다. 제사장들이 능력이 없으니 나라가 망하고, 성전은 침략자들의 손에 처참하게 짓밟히지요.

오늘날의 한국교회도 그렇습니다. 교회의 수도 많고, 프로그램도 많고, 선포하는 비전과 목표들도 다 거창하고 화려합니다. 그러나 지금 한국교회는 정체 상태를 넘어 쇠퇴기에 접어들었다고 할 정도로 휘청대고 있습니다. 능력을 잃어버렸기 때문입니다.

성령충만하다는 것은 하나님의 능력으로 충만하다는 것입니다. 오순절 성령 강림으로 시작된 초대교회는 능력이 충만했습니다. 능력이 충만한 사도들이 설교를 하니까 그 시간에 하나님의 임재가 가득했습니다. 모두가 눈을 반짝이며 말씀을 들었고, 그들의 온몸은 거룩한 전류에 휩싸인 듯 떨렸습니다. 누가 시키지 않아도 통곡하고 회개하고 세례 받는 사람들이 순식간에 수천, 수만으로 늘어났지요. 능력이 넘치니까 부흥과 성장이 봇물 터지듯 터져 나왔습니다. 영적인 능력은 그런 것입니다. 쥐어짜는 것이 아니라 넘쳐흐르는 것입니다. 저는 이 땅의 교회들이 능력 충만한 설교와 부흥으로 매일 흥분할 수 있기를 바랍니다.

하나님께서 교회에 주신 능력은 '사랑'입니다. 초대교회의 은혜 받은 성도들은 스스로 자신의 재정과 물건을 교회로 가져와 즐겁고 신나게 나눴습니다. 성령의 능력으로 하는 나눔이었기에, 주고받는 과정에서 자존심이 상할 일도 없었습니다. 어떻게든 다 자기 손에 거머쥐려고 하는 욕심 많은 세상에서 오직 성령의 능력만이 이런 파격적인 나눔을 가능케 합니다. 정치적인 쇼나 강제된 사회주의적 복지가 아닌, 자발적인 나눔의 실천은 교회가 거룩한 능력으로 충만할 때 할 수 있습니다.

하나님께서 교회에 주신 능력의 또 다른 모습은 '거룩'입니다. 초대교회의 중진이었던 아나니아와 삽비라 부부가 거짓 헌금으로 성령을 기만하다가 순식간에 죽임을 당했습니다. 이로 인해 날로 부흥하던 초대교회 전체가 충격에 빠집니다. 그러나 이 사건은 초대교회에 저주가 아니라 축복이 되었습니다. 정결함이 없는 성장은 교회를 죽일 수 있기 때문입니다.

세상적인 것과 영적인 것이 심하게 혼재되어 있는 지금의 교회 안에도 이 같은 하나님의 능력이 불같이 임해야 합니다. 세상의 어설픈 도덕적 잣대를 압도해버릴 엄청난 경건이 교회 안에 충만해야 합니다. 하나님은 교회를 부흥시키기 전에 반드시 정결하게 하십니다. 우리 안에 죽어 나가야 할 아나니아와 삽비라가 아직도 많은 것이 하나님 앞에 부끄럽습니다. "주님, 제가 죽을 죄인입니다!" 하며 가슴 치는 목사들과 장로들이 한국교회 곳곳에서 나와야 하겠습니다.

교회의 지도자들은 거룩한 능력으로 충만한 사람들입니다. 열두 사도도 거룩한 능력으로 충만했고, 그들이 안수하여 세운 일곱 집사들도 그랬습니다. 일곱 집사들은 행정의 은사도 탁월했지만,

무엇보다도 성령과 은혜가 충만한 사람들이었습니다. 그러니까 단 일곱 명이 몇 만 명이 모이는 교회의 행정과 살림을 너끈히 끌고 나갈 수 있었습니다. 교회는 일꾼을 많이 세우는 것보다 제대로 세우는 데 주력해야 합니다.

무엇보다도 진짜 능력은 많은 일을 탁월하게 해내는 데 있지 않습니다. 그것은 세상적인 복음 해석입니다. 진정한 능력은 '예수님처럼 죽는 것'입니다. 초대교회의 진짜 역사는 스데반의 순교로부터 시작합니다. 교회는 예수님의 십자가 보혈을 먹고 시작되었고, 순교자의 피를 먹고 자랐습니다. 한국교회의 부흥은 무수히 많은 신앙 선배들의 순교의 피를 기반으로 얻어진 것입니다. 그런데 지금 우리는 영리하고 세련되게만 예수님을 믿으려고 합니다. 그로 인해 교회는 화려하지만 무기력해졌습니다.

스데반의 죽음으로 그때까지 예루살렘에만 머물러 있던 복음이 비로소 사마리아와 유대와 땅끝으로 흘러갔습니다. 복음을 이방인에게로 가지고 갈 사도 바울의 역사도 스데반의 순교의 자리에서 시작되었습니다. 진짜 능력의 시대가 열린 것입니다!

이 시대 한국교회가 예수님 때문에 욕을 먹고 죽을 각오를 한다면 세상은 충격을 받을 것입니다. 그런 아름다운 소망을 갖고 기도하는 여러분을 '열리는 능력시대' 안으로 초대합니다.

2012년 12월
한홍

저자의 말

PART 01
사랑으로 나누다

CHAPTER 1 | 한마음과 한뜻이 되어 14
CHAPTER 2 | 거룩의 연단 43
CHAPTER 3 | 새로운 소망의 시작 65

PART 02
그리스도의 용사로 서다

CHAPTER 4 | 핍박당하는 사도들 84
CHAPTER 5 | 저희를 무너뜨릴 수 없겠고 101
CHAPTER 6 | 일곱 집사를 세우다 121

PART
03
성령과 믿음으로 살다

CHAPTER 7 | 은혜와 권능이 충만한 사람 142
CHAPTER 8 | 믿음의 조상들 159
CHAPTER 9 | 네 발에서 신을 벗으라 179
CHAPTER 10 | 증거의 장막 202
CHAPTER 11 | 첫 순교자 216

PART
04
땅끝으로 전진하다

CHAPTER 12 | 예루살렘에서 사마리아로 236
CHAPTER 13 | 땅끝을 향해 253

THE AGE OF POWER

PART 01
사랑으로 나누다

1 한마음과 한뜻이 되어
행 4:32-37

2 거룩의 연단
행 5:1-11

3 새로운 소망의 시작
행 5:12-16

행 4:32-37

01 한마음과 한뜻이 되어

진정한 구제

최근에 아나톨 칼레츠키(Anatole Kaletsky)의 《자본주의 4.0》이란 책을 아주 흥미있게 읽었다. 칼레츠키에 의하면 자본주의도 PC 소프트웨어 버전처럼 진화하는 것이라 볼 때 오늘의 자본주의는 그 네 번째 단계에 해당한다는 것이다. 18세기 중반에 아담 스미스가 처음 제안한 고전 자본주의는 시장의 '보이지 않는 손'에 모든 것을 맡기면 알아서 잘 돌아간다는 자유방임 방식이었다. 그러다가 1930년대 미국 경제가 대공황을 맞으면서 루스벨트 대통령은 정부의 적극적 개입과 복지 정책의 중요성을 강조한 새로운 형태의 자본주의 2.0을 도입했다. 뒤를 이어 등장한 자본주의 3.0,

즉 1970년대 시장의 자유를 강조했던 신자유주의는 2008년에서 2011년에 이르는 경제위기로 무너졌다.

이제 전 세계의 관심사는 자본주의 4.0이다. 이것은 시장의 기능을 존중하고, 성공한 사람이 더 성공할 수 있도록 장려하되 낙오된 사람들을 도와주고 함께 이끌어갈 수 있는 사회적 책임을 강조하는 '따뜻한 자본주의'이다. 승자독식(勝者獨食)의 정글 같은 사회가 아니라, 승자들이 자발적으로 약자들과 먹을 것을 나누며 함께 살아가는 세상을 만들어야 한다는 것이다. 이상(理想)은 좋지만 문제는 이것을 어떻게 실현해 나가느냐이다.

분배와 성장의 균형을 잡는 것이야말로 모든 나라의 정치·경제 리더십이 고민하는 숙제다. 특히 우리나라처럼 짧은 시일에 엄청난 경제발전을 이뤄낸 나라일수록 더하다. GNP와 GDP가 높아지고, 잘살게 되었지만 아직 가난하고 힘든 이들이 매우 많다. 그래서 선거 때마다 정치인들은 가난한 서민들을 위한 선심성 복지정책을 공약으로 내건다. 하지만 "가난은 나랏님도 못 구한다"라는 말이 있듯이 구제에 있어서 정부가 할 수 있는 것은 한계가 있다.

아나톨 칼레츠키도 자본주의 4.0의 이상을 현실화 시킬 수 있는 유일한 방법은 기업과 사람들이 자발적으로 약자와 나누려고 하는 데 있다고 했다. 그런데 죄에 물든 인간은 본능적으로 자기 것만 챙기기 때문에 이것이 힘들다. 그래서 반드시 예수님을 죄의 뿌리가 만나 뽑혀져야만 문제의 본질이 해결된다.

성경에서 말하는 구제는 정부의 정책이나 시스템이 아니다. 구제의 시작은 예수님을 만나는 것이다. 진정한 구제는 하나님의 은혜를 체험한 사람들의 자발적인 헌신에서 비롯된 것이어야 한다. 성령이 임함으로 부어지는 하나님의 은혜를 체험해야 사람들의 마음이 변한다. 나밖에 모르던 이기적인 인간이 이웃의 아픔을 품을 수 있는 이타적인 인간으로 변하는 길은 성령을 체험함으로 가능해진다.

오순절 성령 강림 이후에 초대교회는 정말 많은 것을 체험했다. 초자연적인 기적도 체험했고, 능력의 말씀이 선포됨으로 수천 명의 영혼들이 회개하고 거듭나는 폭발적인 부흥도 맛보았다. 그로 인해 무서운 핍박과 고난도 겪었다. 이 모든 것은 성령의 시대, 부흥의 시대로 가는 교회가 겪어야 할 과정들이다.

흘러 넘치는 은혜

32 믿는 무리가 한마음과 한뜻이 되어 모든 물건을 서로 통용하고 자기 재물을 조금이라도 자기 것이라 하는 이가 하나도 없더라

"믿는 무리"라는 표현이 흥미롭지 않은가. 누가는 그냥 교인, 성도라고 하지 않고 이렇게 표현했다. 성도란 단순히 교회에 다니는 사람이 아니라 예수를 믿는 사람이다. 하나님의 기적을 목격하

고, 살아 있는 말씀을 듣고 회개하고 세례 받은 사람들이다. 그것이 진짜 성도다. 예루살렘 초대교회 성도들은 확실한 중생의 체험을 통해서 같은 은혜를 공유했기 때문에 서로 하나가 될 수 있었다. 교회에 은혜의 공통분모가 없다면 아무리 친한 사람, 동향 사람들끼리 모였다고 해도 결코 하나가 될 수 없다.

이 믿는 무리가 "한마음과 한뜻"이 되었단다. 적어도 만 명에 가까운 사람들, 그것도 몇 주일 만에 순식간에 한 교회의 성도가 된 사람들이 어떻게 한마음과 한뜻이 될 수 있었을까? 우리 새로운교회도 개척한 지 3년 만에 수적으로 급성장했다. 그런데 빨리 성장하다 보니 서로를 알아가고 적응하는 데 많은 어려움을 겪어 온 것도 사실이다.

그런데 우리와 비교도 안 되게 빨리 성장한 초대교회가 짧은 시간에 하나가 될 수 있었던 것은 성령께서 그들의 마음에 역사하셨기 때문이다. 지상 교회의 시작인 오순절 성령 강림 때 임하신 성령의 역사가 그 어느 때보다 강렬했기 때문이다. 교회가 하나가 되는 것은 성격 좋은 사람들이 서로 예의 바르게 대하기 때문이 아니다. 대화나 회의를 많이 해서도 아니다. 모두가 함께 성령충만할 때 비로소 진정한 하나가 된다. 성령께서 이기심 덩어리인 인간들을 하나로 붙잡고 가시기 때문이다.

성령으로 충만하면 교회 공동체 식구들의 감정과 생각이 비슷해진다. 아니, 엄밀하게 말하면 모두가 예수님의 마음과 생각을 닮아가게 된다. 그래서 성령의 감동으로 한마음과 한뜻이 된 교회는 무엇을 결정할 때 서로 눈빛만 봐도 이해를 한다. 회의를 길게 할 필요도 없다. 회의는 길어질수록 회의(懷疑)가 생길 뿐이다. 성령께서 붙잡고 가는 교회는 회의 시간을 기도와 예배가 메우고, 문제점을 지적하고 비난하는 대신 조용한 섬김과 헌신이 가득하다. 은혜의 공통분모로 인해 성령충만한 교회의 성도들은 서로 고민하고 아파하는 것들이 점점 비슷해진다.

  예루살렘 초대교회 성도들은 특히 긍휼과 구제를 베푸는 일에 한마음과 한뜻이 되었다. 공동체 차원에서 모두가 자연스럽게 이 일에 대한 공감대를 형성하게 된 것이다. 이건 놀라운 일이다. 한 이불을 덮고 사는 부부라도 돈 쓰는 일에는 한마음이 되기가 쉽지 않다. 그런데 교회에서 그 많은 사람들 사이에 '우리 가운데 힘든 형제자매들이 많은 것 같다. 다들 물건들을 내어놓아 서로 나눠 쓰자'라는 공감대가 형성된 것이다. 사도들이 강요해서가 아니라 말씀이 충만하고 성령이 충만하니까 자연스럽게 이뤄진 것이다.

  하나 됨 자체도 중요하지만 무엇을 위해 하나가 되느냐가 더 중요하다. 함께 모여서 나쁜 짓을 하는 무리들도 많기 때문이다. 그러나 성령께서는 선한 일을 위해 하나 되게 하신다. 성령께서는 교회가 하나 되게 하셔서 연약한 형제들을 돕게 하셨다.

33 사도들이 큰 권능으로 주 예수의 부활을 증언하니 무리가 큰 은혜를 받아

사도들은 계속해서 능력의 메시지를 전했다. 교회에 있어 말씀은 자동차의 엔진과도 같다. 말씀이 힘차게 계속 선포되어야 교회가 살아 움직이게 된다. 특히 사도들이 선포한 메시지의 핵심은 "주 예수의 부활"이었다. 아무리 훌륭한 사람도 일단 죽으면 과거의 전설일 뿐이다. 그러나 예수님의 무덤은 비어 있다. 주님은 부활하셨다. 그분은 지금도 살아 계셔서 우리의 삶 속에 역사하고 계신다. 사도들은 그 부활의 주님을 선포하고 또 선포했다. 그것도 "큰 권능으로" 선포했다. 그들의 설교가 그저 유창한 설교가 아니라 성령의 기름부으심이 있는 파워 메시지였다는 뜻이다.

그런 설교를 듣고 어찌 사람들이 변하지 않을 수 있겠는가. 그 설교를 듣던 무리가 "큰 은혜"를 받았다. 말씀은 은혜의 통로다. 사도들이 큰 권능으로 말씀을 전하니 듣는 성도들 위에 큰 은혜가 임했다. 즉 다음과 같은 기가 막힌 부흥의 공식이 성립된다.

"큰 권능+말씀=큰 은혜"

말씀이 강하게 선포되는 곳에 하나님의 은혜가 충만하게 임한다. 말씀이 살아 있으면 구제를 강조하지 않아도 구제가 풍성하게 일어난다. "왜 가난한 사람을 돕지 않습니까? 그것은 가진 자의 이기주의요 위선입니다"라는 식으로 사람들에게 죄책감을 불어

넣고 야단을 쳐서 쥐어짜내는 게 구제가 아니다. 은혜를 충만하게 받으면 각자의 마음에서 자연스럽게 우러나와 하는 게 구제다.

초대교회에서는 말씀을 듣고 은혜를 받은 성도들이 물질관의 변화를 겪으며 자연스럽게 나눔을 실천했다. 진짜 구제를 하고 싶으면 오히려 구제를 강조하지 말아야 한다. 도리어 역효과가 날 수 있기 때문이다. 그저 은혜가 넘치게 하면 된다. 진짜 선교하고 싶으면 선교하라고 말만 하지 말고, 교회에 은혜가 넘치게 하면 된다.

예수님과 십자가 부활과 성령님을 이야기하면 자연스럽게 구제가 일어난다. 근본을 건드려야 다른 것들이 해결된다. 영적인 문제를 풀어야 물질의 문제가 풀린다. 진정한 구제는 인간의 도덕이나 양심으로 하는 게 아니다. 남의 눈을 의식해서 하는 것도 오래 못 간다. 진짜 구제는 은혜와 성령이 충만해서 흘러넘쳐나는 것이어야 한다.

구제는 성령의 역사다. 성령이 충만하면 교회에 긍휼이 가득 차서 성도들이 외롭고 아프고 불쌍하고 연약한 사람에게 관심을 갖게 되며 조건 없이 그들을 돕는 일들이 일어난다. 우리 교회에서도 은혜를 충만하게 받은 성도들이 각자 알아서 경제적으로 연약한 성도들을 돕는 일들이 무수히 많이 일어나고 있다. 여름에 단기선교를 가는 회비가 부족해서 남몰래 끙끙 앓고 있는 사람을 위해 써달라고 팀 내의 다른 형제가 교회에 목적헌금을 낸 적도 있고, 가장이 갑자기 병으로 하늘나라로 떠나버린 가정을 위해 써달라고 큰돈을 무명으로 헌금한 분도 있다. 목사인 내 눈시울을 뜨겁게 하는 형제 사랑의 실천들을 보면서 '아, 아가페 사랑이란 게 이런 것이구나' 하는 것을 느낀다.

바뀐 물질관

32절을 보면 성도들은 "모든 물건을 서로 통용"했다. 이것은 모든 물건을 서로 나눠 썼다는 뜻이다. 해 본 사람들은 알겠지만 물건을 나눠 쓰는 일은 정말 쉽지 않다. 특히 가진 물건이 귀하고 좋은 것일 때는 더욱 그렇다. 새로 산 자동차나 옷이나 집을 다른 사람과 나눠 써 본 적이 있는가? 정말 어렵다. 그런데 초대교회 성도들은 아낌없이 물건을 나눠 썼다는 것이다. 그것은 성령을 받은 그들의 물질관과 가치관이 달라졌기 때문이다. 그렇지 않고서야 어떻게 "자기 재물을 조금이라도 자기 것이라 하는 이가 하나도 없더라"라고 했겠는가.

예나 지금이나 돈을 벌기란 얼마나 어려운가. 자기가 피땀 흘려 번 돈으로 산 물건들을 나눠 쓰기는 정말 어렵다. 그런데 성령을 받고 은혜를 받고 나면 전혀 다른 눈으로 물질을 보게 된다. 성령이 임했는지 아닌지를 알 수 있는 증거 중에 하나가 물질에 대해 자유하는 마음이 생기기 시작하는 것이다. 그러면서 자기보다 힘든 이웃들을 도와야 한다는 마음이 들기 시작한다.

아무도 자기 것을 자기 것이라 주장하지 않았다는 말은 자신이 가진 것이 모두 하나님께로부터 온 것임을 깨닫게 되었기 때문이다. 하나님의 것이기에 그분의 마음으로 이웃과 나눌 수 있는 것이다. 자기의 것을 가지고 가난한 이웃에게 준다고 생각하면 아까워서 못 나눈다. 눈을 부릅뜨고 손해 보지 않기 위해 계산기를 두드리고 손익을 따지며 주게 된다. 또 주면서 괜히 어깨에 힘이 들어가고, 은근히 우월감을 느끼게 된다. 그러나 자신의 것이 아니고 하나님의 것을 나눈다고 생각하면 완전히 달라진다. 나누면서 마음에 기쁨이 넘친다.

성경은 부자 성도들이 가난한 성도들을 도왔다고 하지 않고 모두가 형편대로 서로 가진 것을 나누었다고 전한다. 이 사실이 정말 감동적이다. 가만히 보면 돈이 많은 부자라서 잘 나누는 게 아니다. 오히려 형편이 어려운 사람이 더 잘 나누는 것을 자주 본다. 얼마 전 사고로 숨진 중국집 배달원 아저씨가 어려운 생활 중에도 가난한 아이들을 후원하고 있었다는 사실이 드러나면서 우리 모두를 부끄럽게 하지 않았는가.

교회는 한가족이다. 자녀 중에 공부 잘하는 아이나 못하는 아이나 다 가족이듯, 교회도 그렇다. 사람이 모인 곳이기에 경제적 수준이나 교육 수준은 조금씩 차이가 난다. 그러나 진짜 성령충만한 교회 공동체는 병들고 가난하고 외로운 사람들도 위축되지 않고, 사랑받고 귀히 여김을 받는다고 느낄 수 있어야 한다. 또 세상에서 유명한 사람, 잘사는 사람도 교회에 들어오면 겸손해지고 소탈해져서 '나는 그저 주님의 은혜로 구원받은 죄인이구나. 함께 구원받은 형제자매들이 정말 소중하구나!'라고 느껴야 한다.

우리 교회가 강남에 있다보니 종종 이런 말을 하는 이들이 있다.

"우리 교회는 부르주아 교회 같아요. 우리도 가난한 사람들 좀 도와야 하지 않아요?"

그러면 나는 "옳은 말씀입니다. 교회의 형편에 따라 최선을 다해서 가난한 분들을 도와야 하고, 이미 교회 창립 때부터 그렇게 하고 있습니다"라고 대답한 뒤, 이어서 물었다.

"그런데 실례지만 집사님은 개인적으로 매달 얼마나 가난한 사람들을 돕고 계신가요?"

그러면 대개 얼굴이 뻘개져서 대답을 못한다. 이상주의자들의 특징은 스스로 의로운 척 말하지만 그것을 뒷받침할 삶이 없다는 것이다. 성경은 "자녀들아 우리가 말과 혀로만 사랑하지 말고 오직 행함과 진실함으로 하자"(요일 3:18)라고 했다.

설교 시간이나 리더십 훈련 시간에 성도들에게 자주 들려주는 예화가 있다. 전에 섬기던 교회에 벽돌 쌓는 일을 하면서 살아가는 젊은 탈북자 부부가 있었다. 목숨을 걸고 탈북한 그들은 교회에 온 첫날 예배부터 큰 은혜를 체험하고, 이후 세례도 받았다. 그런데 그때는 일부 교인들이 한참 "아무개 집사가 잘 사네, 못 사네"하면서 서로의 경제적 수준을 비교하며 말이 많을 때였다. 나는 그 탈북자 형제가 걱정이 되어 "형제님, 교회에서 잘사는 분들을 보면 위축되지 않습니까?"라고 물었다.

그가 환하게 웃으면서 고개를 저었다.

"괜찮아요, 목사님. 전 교회 오면 예수님밖에 안 보여요."

그 말을 듣고 눈물이 솟구쳤다. 우리 성도 중에 그 형제보다 경제적으로 어려운 사람은 거의 없을 것이다. 그런데도 감사를 모르고 서로의 경제적인 수준을 놓고 질투하고, 비교하고, 뒤에서 비난하며 살아간다. 그러나 정작 아무것도 손에 쥔 것 없이 남한에 내려와 막노동으로 살아가던 이 형제는 적어도 교회 와서 예배를 드릴 때만은 세상적인 물질관으로부터 자유했던 것이다. 나는 형제의 어깨를 말없이 잡아주면서 속으로 생각했다.

'이 형제님이 진짜 영적 고수구나. 우리보다 한 수 위구나. 예수님의 마음을 가졌구나.'

살다보면 누구나 경제적으로 잘살 때도 있고, 힘들 때도 있다. 그러나 우린 주 안에서 한가족이다. 힘들 때 잠시 형제들의 도움을 받을 수도 있고, 또 형편이 나아지면 내가 형제들을 도울 수도 있다. 그러니까 힘들다고 열등감을 가질 필요가 없고, 잘 나간다고 교만해서도 안 된다. 하나님께서는 믿음의 형제자매들이 그때그때 서로의 필요를 채우며 살아가길 원하신다.

필요를 따라 나누다

34 그중에 가난한 사람이 없으니 이는 밭과 집 있는 자는 팔아 그 판 것의 값을 가져다가 **35** 사도들의 발 앞에 두매 그들이 각 사람의 필요를 따라 나누어 줌이라

은혜의 결과로 두 번째 단계의 나눔이 일어난다. 첫 번째 나눔은 서로가 가진 것을 함께 나눠 쓰는 단계였다. 두 번째 단계는 가진 자들이 자신들의 가진 것을 팔아 교회에 헌금하여 교회가 필요한 성도들에게 지혜롭게 나눠주게 하는 것이다. 여기서 우리는 교회의 나눔이 세상의 나눔과 근본적으로 다른 차이점을 몇 가지 발견한다.

예를 들어 공산주의는 모든 가진 자(부르주아)들은 나쁜 사람들이므로 강제로 그들의 소유를 빼앗아 피지배층인 가난한 민중(프롤레타리아)에게 분배해야 한다고 여겼다. 그러나 이렇게 되면 열심히 일한 사람이나 그렇지 않은 사람이 똑같은 배당을 받게 되기에 모두들 눈치만 보면서 대충 일하려는 생각이 팽배해져 국가경쟁력이 형편없이 약해진다. 동구 공산권의 붕괴가 그것을 증명했다.

반면에 민주주의, 자본주의 사회에서는 정부가 수입이 높은 사람들에게 높은 세금을 받아서 생기는 수익으로 가난한 이들을 돕는 복지정책을 편다. 그런데 잘못하면 국민들이 스스로 일하려는 생각보다 달콤한 복지에 의존해서 살려는 성향이 강해진다. 최근 큰 경제위기에 휩싸인 유럽이나 남미의 아르헨티나 같은 나라들에서 나타나는 현상이 그렇다. 그러나 초대교회의 나눔은 달랐다.

교회 공동체의 나눔의 기준은 '필요'에 따른 것이었다. 34절의 "가난한 사람이 없으니"라는 말은 기본적인 생활의 필요가 안 채워질 정도로 힘든 사람이 더 이상 없었다는 뜻이다. 또 35절에 보면 사도들이 각 사람의 "필요를 따라" 나눠줬다고 되어 있다. 사실 가난하다는 것은 어떤 기준으로, 누구와 비교하느냐에 따라서 달라질 수 있다.

우리나라에서 가난하다고 하는 것과 소말리아 같은 나라에서 가난하다고 하는 것에는 엄청난 차이가 난다. 실상 수돗물을 쓰고, 전기를 사용하고, 하루 세 끼 밥을 먹을 수 있고, 일주일에 두세 번 이상 목욕을 하고, 비바람을 피할 수 있는 집에 살고, 아이들을 학교에 보낼 수 있다면 전 세계 70억 인구 중에서 가장 부유한 15퍼센트 안에 들어간다.

우리가 외식을 하며 중식을 먹을까 한식을 먹을까 고민할 때, 매일 4만 명 이상이 굶어 죽는다. 매일 밤 고픈 배를 움켜쥐고 잠

자리에 들어야 하는 사람이 10억이 넘는다. 전 세계에서 태어나는 아이들 중 40퍼센트가 영양실조로 인한 장애를 갖고 살아야 한다. 전 세계 아이들 중 3퍼센트만이 제대로 된 교육을 받고 있다. 아프가니스탄이나 캄보디아 같은 경우는 국민의 90퍼센트가 문맹이다. 병원이 부족해서 아파도 치료도 못 받고 죽어야 하는 경우가 대부분이라고 한다.

물질적으로 힘들고 어렵다고 불평하기 전에 우리가 한 번도 만나 본 적이 없는, 지구 저편에서 힘겹게 살고 있는 형제자매들의 상황도 생각해볼 필요가 있다. 하나님께서는 우리만의 아버지가 아니라 모든 열방과 족속들의 아버지이시기 때문이다.

그래서 가난한 이웃을 돕는다고 할 때 그 기준을 정하기가 쉽지 않다. 중요한 것은 내가 처한 시대 환경에서 성령께서 보여주시는 필요에 민감한 것이다. 그래서 "필요를 따라"라는 말이 반복해서 나온다. 이것은 도움을 받는 쪽에서도 반드시 명심해야 할 일이다. 욕심을 부리면 안 된다.

광야에서 만나를 하루 먹을 분량씩만 모으라 하셨음에도 그 이상을 모으면 잉여분의 만나는 반드시 썩어나갔다. 하나님께서는 우리의 필요를 채워주시는 분이지 욕심을 채워주시는 분이 아니다. 도움 받는 것을 당연시 하거나 감사를 잊어서도 안 된다. 사람에게서 도움을 받는 것 같지만 실은 하나님께서 사람을 통해 주시는 것이기 때문이다.

우리 교회와 협력해서 캄보디아 선교 사역을 하고 있는 교포 1.5세 선교사님은 캄보디아 선교현장 상황을 10년 넘게 철저하게 조사했다. 그리고 그 결과를 토대로 캄보디아 선교는 그 나라의 지역 교회 목회자들을 훈련시키고, 그들의 자립을 도와주는 데 초점을 맞춰야 한다는 것을 알았다고 한다.

그동안 대부분의 미국이나 한국의 교회들은 교회나 고아원 건물을 무상으로 지어주고, 리더십 훈련비용도 100퍼센트를 다 대주는 식으로 사역을 했다고 한다. 그러나 무조건적인 물량공세를 하면 할수록 캄보디아 교회들은 자립할 수가 없었다는 것이다.

그래서 지금은 현지 교회를 대상으로 목회자훈련 컨퍼런스를 열 때 단돈 10불이라도 꼭 회비를 내게 한다고 한다. 또 기타 한 대만 있으면 찬양을 드리며 예배할 수 있는 교회에 80불짜리 기타를 지원할 때도 그 교회에서 40불은 꼭 내게 한다고 한다. 그리고 나머지를 외부 지원으로 채워주는 것이다.

아무리 가난한 교회라도 몇 년씩 대책 없이 계속 지원해 주는 것이 아니라, 십일조 훈련을 성경적으로 철저히 시키고 자립에 대한 꿈을 키워주었다. 그렇게 했더니 오히려 캄보디아 교회들이 자생력이 생겼다고 한다. 성경적으로 십일조를 배운 교회들이 몇 년 안에 자립에 성공했으며, 경제적으로 다른 교회들을 돕는다고 했다.

이 캄보디아 선교의 교훈이 목회자들이나 선교사님들, 선교단체 책임자들에게 시사해주는 바가 크다고 생각한다. 나도 경제적으로 힘든 개척교회 목회자의 아들로 자랐고, 쉽지 않은 상황에서 교회 사역을 하고, 학자금 융자를 받으면서 어렵게 신학교에 다녔다. 그 과정에서 하나님께서 천사 같은 사람들을 통해 힘들 때마다 많은 도움을 주셨다. 그런데 감사한 것은 내가 그 도움들을 당연하게 여기지 않을 수 있었다는 것이다. 은혜를 당연시 하면 영성이 병들게 되기 때문이다.

크든 작든 하나님의 만나를 대신 전달해주는 분들에겐 늘 감사한 마음뿐이었다. 그리고 빠른 시일 내에 나도 자리를 잡아서 사랑의 빚을 갚아야겠다고 생각했다. 늘 나보다 더 어려운 사람들 돕는 축복의 통로가 되어야겠다고 결심했고, 그것을 전도사 때부터 실천하려고 몸부림쳤다. 대형교회 수석 부목사로 있으면서도, 베스트셀러 작가가 된 뒤에도 그리고 교회를 개척한 후에도 나는 경제적으로 비굴하지 않으려 애썼고, 연약한 이웃들을 돕는 목사, 그런 교회가 되기 위해 여러 가지로 노력중이다.

자세히 밝힐 수는 없지만 개인적으로도 형편 닿는 대로 나눔의 삶을 살려고 노력하는데, 여기에는 아내를 보면서 은혜 받은(?) 공이 크다. 아내는 여윳돈이 조금이라도 생기면 선교사님과 미자립 교회 목회자 사모들, 특수 사역하시는 분들에게 보낸다. 때로는 우리 형편에 과할 정도로 도와 나를 놀래키기도 한다. 그러나 하나님께서 그 사랑의 마음을 잊지 않으심으로 우리 가정의 살림이 늘 남을 도울 정도가 되도록 채워주시는 것을 느낀다.

받는 자에서 주는 자로

어려울 때는 감사한 마음으로 도움을 받고, 필요가 채워지면 자기보다 힘든 형제들을 도와야 한다. 1952년 한국전쟁 중 미군을 위로하기 위해 한국을 방문한 스완슨(Swanson) 목사는 폐허가 된 한국의 도시들을 돌아다니다 어린아이들이 굶주림과 추위로 쓰러져 죽어가는 것을 보았다. 가슴이 찢어지는 듯한 아픔을 느낀 그는 거기서 하나님의 눈물을 보았다.

이후 미국으로 돌아간 스완슨 목사는 당시 세계에서 두 번째로 못사는 나라였던 한국의 어린이들을 돕는 후원자들을 모으기 시작했다. 이것이 '컴패션(Compassion)'이라는 선교단체의 시작이다. 그 후 1993년까지 41년 동안 컴패션은 10만 명 이상의 한국 어린이들을 후원했고, 이를 위해 매년 2백만 불(약 20억 원)의 후원금을 한국으로 보냈다. 덕분에 먹지 못하고, 입지 못하고, 배우지 못하고, 죽을 뻔했던 수많은 한국의 어린이들이 죽음의 문턱에서 살아날 수 있었다.

눈부신 경제성장을 이룩한 한국은 2003년에 이르자 도움을 받는 나라에서 주는 나라가 되었다. 한국에서 시작된 컴패션이니 한국도 제3세계의 고아들을 도와야 하지 않겠느냐고 국제 컴패션에서 도전한 것이다. 한국교회들이 이 도전에 부끄러움과 충격을 받아서 '컴패션 코리아'가 생기게 되었다.

이러한 입장 전환이 쉽지는 않다. 받는데 익숙해져서 내가 도울 만한 처지가 되었어도 돕지 않는다. 주는 것도 훈련이다. 이제는 자기 것만 챙기던 이기적인 옛 사람의 모습과 작별할 때가 되었다. "각 사람의 필요를 따라"라는 말은 모두 필요한 만큼 받고 더 이상 욕심내지 않았다는 것이며, 또 남는 것은 자기보다 더 힘든 형제들에게 흘려보냈다는 뜻일 것이다.

"나는 아직 남에게 나눠줄 만큼 풍족하지는 않아요"라고 말할지도 모른다. 하지만 그렇지 않다. 우리의 삶을 단순하게 하고, 불필요한 구매를 줄이면 다들 조금씩은 나눠줄 여유가 생긴다. 휴대폰을 꼭 유행 따라 바꾸지 않아도 되고, 철마다 새 옷을 구입하지 않아도 되고, 차도 고쳐가며 사용하면 오래 탈 수 있지 않은가. 우리는 아직 쓸 만한 것들을 버리는 경우가 많다. 남의 눈을 의식해서 반드시 필요하지도 않은 것들을 자꾸 사들이는 일은 그만하자. 우리에게 주신 이 풍성함은 우리보다 힘든 하나님의 자녀들과 나누라고 주신 것이다. 물이 흐르지 않으면 썩어버리듯 축복도 나누지 않으면 썩어버린다.

20년 전, 이민교회 전도사 시절에 한 할머니 권사님이 책을 사보라며 내 손에 쥐어준 꼬깃꼬깃한 백 불짜리 지폐를 아직도 잊지 못한다. 그 권사님은 미국 정부에서 노인들에게 주는 월보조금 6백 불을 받아 사시는 분이었다. 그녀에게 백 불은 엄청난 돈이었다. 그런데 막 목회를 시작한 젊은 나에게 "전도사는 책을 많이 봐야 해" 하면서 주셨다. 나는 눈물이 왈칵 솟았다.

그래서 언젠가는 나도 다른 사람들, 특히 힘든 교역자들을 돕는 사람이 되겠다고 결심했다. 특별히 배움에 대한 열정은 있는데 경제적으로 어려운 교역자나 선교사님들에게 형편이 닿는 한 책 선물은 한껏 해주려고 노력한다. 사랑은 그렇게 작은 불꽃에서 시작되어 번져나가는 것이다.

초대교회 구제의 특징

구제는 먼저 성도들 사이에서 이뤄졌다. 이기적으로 보일지 모르지만, 먼저 믿음의 공동체 안에서 서로 사랑의 나눔을 해야 한다. 그래야 그 힘을 가지고 밖으로 흘려보낼 수 있다. 성도들 안에 물질적으로 고통 받고 있는 사람들이 있을 때, 교회는 외부의 도움을 청하지 않았다. 성령의 인도하심으로 조금 여유가 있는 형제자매들이 자발적으로 자신의 것을 내어놓아 필요한 이들에게 흘러가게 했다. 우리가 "하나님, 저 가난한 형제들을 도와주세요"라고 기도할 때 하나님께서 말씀하신다.

"네가 도와라. 내가 너를 통해서 그 형제를 돕기 원한다. 그래서 네게 돈을 준 것이다."

많은 경우에 우리가 바로 기도응답이 된다. 남이 안 돕는다고 욕하지 말고, 내가 할 수 있는 선에서 바로 시작하라.

가룟 유다는 주님 발 앞에 옥합을 깨고 값비싼 향유를 붓는 마리아를 비난했다. 그 엄청난 돈을 가난한 이들에게 주었으면 좋았겠다면서…. 그러나 정작 유다 자신은 가난한 이들을 돕는 사람이 아니었다. 오히려 가난한 예수님과 제자들의 돈을 몰래 착복하는 사람이었다. 가난한 이웃들을 보면서 "왜 정부가 나서지 않는가? 왜 부자들이 나서지 않는가?"라고 욕하지 마라. "먼저 네 눈 속에서 들보를 빼어라 그 후에야 밝히 보고 형제의 눈 속에서 티를 빼리라"(마 7:5). 남을 구제하는 데 있어서 특히 이 말을 명심하라. 안 돕는 사람을 욕할 것이 아니라 나만이라도 잘하면 된다.

은혜를 받고 물질관이 달라진 초대교회 성도들에게 전에는 보이지 않았던 형제자매들의 필요가 눈에 들어오기 시작했다. 서로의 필요를 하나님의 마음으로 보니까 도와야겠다고 생각하게 된 것이다.

주위를 둘러보면 연약한 지체들이 더 연약한 지체들을 돕는 경우가 많다. 10여 년 전 처음 한국에 들어와서 사역할 때의 일이다. 당시 내가 맡고 있던 용산 쪽 구역을 심방하다가 나는 한 집에서 할 말을 잃었다. 자기 가족도 감당을 못해서 포기해버린 성인 정신장애우 5명을 거두어 지극한 정성으로 돌보는 분의 집이었다. 본인도 부분장애가 있어 혼자 살던 가난한 50대 여자 권사님은 국가에서 나오는 약간의 보조금과 시장에서 일하고 벌어오는 돈으로 장애우들과 함께 살고 있었다. 여섯 식구가 하나님의 은혜로 간신히 살아가고 있었지만 그들의 얼굴엔 웃음꽃이 가득했다.

그 모습을 보면서 남을 돕는 것은 꼭 힘 있는 자가 하는 것이 아니라는 것을 깨달았다. 하나님께서는 약한 자를 통해서 더 약한 자를 도우신다. 그리고 내가 연약할 때 오히려 하나님의 마음을 품기가 더 쉽다. 자기도 도움을 받아야 할 형편이면서 오히려 남을 도우면서 살아가는 그 분은 더 이상 동정의 대상이 아니었다. 당당한 하나님의 일꾼이요, 빛의 사자였다.

초대교회 성도들은 개인적으로 이웃들을 직접 도운 것이 아니라 자신의 소유를 팔아 교회로 가져와서 교회 리더십이 사람들의 필요에 따라 나눠주게 했다. 물론 개인이 직접 도울 수도 있다. 그리고 도와야 한다. 그러나 될 수 있는 대로 자신이 속한 교회에 헌금하여 교회가 기도하고 성령님의 뜻을 구한 뒤에 필요한 곳에 베풀도록 하는 것이 옳다.

  개인이 개인을 도우면 처음엔 좋은 의도에서 시작하고 칭찬도 받을 수 있겠지만 시험받을만한 일도 생길 수 있다. 무엇보다 도움을 받는 쪽에서 하나님이 아니라 사람을 바라보게 될 수 있다. 그래서 초대교회 교인들은 교회 공동체에 자신들의 헌금을 맡기고 교회로 하여금 예수님의 이름으로, 교회의 이름으로 구제하게 했다. 아주 지혜롭고 놀라운 방법이다.

  또한 교회는 성도들의 헌금을 투명하고 지혜롭게, 하나님의 방법대로 올바르게 사용해야 할 막중한 사명이 있다. 그래서 헌금을 쓸 때는 기도하면서 잘 써야 한다.

  "십일조를 꼭 본 교회에 내야 하느냐?"고 묻는 사람들이 간혹 있다. 특히 본 교회가 좀 규모가 있는 경우는 "우리 교회는 부자 교회니까 십일조는 가난하고 작은 내 고향 교회에 내는 게 옳지 않느냐?"라고 하는 이도 있다. 상당히 합리적인 말 같지만 그건 아니다. 십일조는 자신이 출석하는 교회에 내는 것이 옳다. 작은 교회를 돕고 싶거나 사회에서 어려운 곳을 돕고 싶은 마음을 성령께서 주시면 그런 목적으로 써달라고 본 교회에 목적헌금을 내면 된다. 기도 가운데 성도가 믿음으로 낸 헌금은 꼭 필요한 임자를 찾아가게끔 성령께서 인도하신다.

  일 년쯤 전이었다. 성도들 중 어느 부부가 아이 돌잔치를 하려고 모아놓았던 천만 원을 특별한 성령의 감동이 있어 좋은 곳에 써달라며 헌금했다. 이 재정을 어디에 써야 할지 기도하며 고민하고 있었는데, 러시아에서 사역하시는 어느 선교사님의 SOS 구조신청을 접하게 되었다. 소아암에 걸린 러시아 아이 한 명을 한국에 데려와서 치료하는 중인데 커뮤니케이션 실수로 러시아 부모가 치료비에 한참 모자라는 비용만 준비해 온 것이다.

우리는 무릎을 치며 "그래, 이 돈에 주인이 있었구나!" 하면서 그 귀한 헌금을 전해주었다. 수술비가 없어서 절망할 뻔했던 한 어린 생명이 기적적으로 살아났다. 그런데 나중에 알고 보니 그 러시아 아이가 쌍둥이였는데 돌잔치 헌금을 낸 집의 아이들도 쌍둥이였다. 헌금을 낸 부부 집사님은 하나님의 놀라운 섭리에 감격해했다. 하나님의 사랑 안에서 헌금을 하면 돈을 벌 때보다 쓸 때 더 행복해진다.

돈이 있는 곳에는 꼭 마귀의 시험이 따라오게 마련이다. 그래서 특별히 교회에서 돈을 다룰 때는 조심해야 한다. 나는 교인들끼리는 절대 돈 거래를 못하게 한다. 같은 순식구라고 해서 서로 돈을 꾸거나 빌려주는 일이 있어선 안 된다고 귀에 못이 박히도록 강조한다. 꼭 해야 할 상황이라면 기도해보고 아예 받을 기대를 하지 말고 주라고 권면한다. 그러나 이런 경우도 사전에 교역자와 신중히 상의해달라고 당부한다. 서로 보증을 서주는 일도 금한다. 다

단계 판매나 보험 세일즈, 계모임 같은 것들도 교회 안에선 절대 못하게 한다. 이런 일로 교회가 시험 드는 경우를 무수히 보아왔기 때문이다. 교회에서는 리더십이 기도하며 신중히 검토하고 고민하여 결정한 구제나 선교사역에 재정이 사용되도록 해야 한다.

구제의 축복

성령 받은 성도는 초기에는 치유와 회복, 방언과 영적 담대함을 체험한다. 그러나 더 깊은 성령의 은혜로 나가게 되면 이웃사랑을 실천하게 된다. 이것이 진짜 제대로 된 성령의 열매이다. 누가 시키지 않아도 항상 나보다 가난하고 힘든 사람들이 눈에 보이기 시작하고, 자신도 그리 넉넉하진 않지만 어떻게든 최선을 다해 형제를 도우려 한다.

십여 년 전부터 하나님께서 내게 자꾸 다른 목사님들을 도우라는 감동을 주셨다. 그래서 교회 창립 초창기부터 추수감사절 헌금을 모아 '러브펀드'라는 기금을 조성하여 국내외의 미자립교회 목회자 분들과 선교사님들을 돕는 일을 계속해오고 있다. 수십 명이 넘는 목사님, 선교사님들이 뜻밖의 사랑의 헌금을 받고 감격해서 편지들을 보내왔다.

한번은 미자립교회 목회자 50커플을 초청해 2박 3일 동안 깨끗한 시설에서 쉬시면서 안식과 치유 세미나에 참여하실 수 있도록 거의 전액을 지원한 적이 있다. 그 분들이 얼마나 눈물로 감사해 하셨는지 모른다. 앞으로도 우리 교회는 기회가 닿는 대로 국내외의 열악한 환경 속에 있는 목회자 분들과 선교사님들을 돕는 데 최선을 다할 생각이다.

가난한 자들에게 하나님의 마음을 가지고 베풀 때 성령께서 우리에게 임하시고, 전에 알 수 없던 보람과 기쁨을 느끼게 하신다. 반대로 자기 배만 불리려 하고 궁핍한 형제자매들에게 베풀지 않으면 하나님의 사랑을 제대로 느낄 수가 없다.

"누가 이 세상의 재물을 가지고 형제의 궁핍함을 보고도 도와줄 마음을 닫으면 하나님의 사랑이 어찌 그 속에 거하겠느냐"(요일 3:17).

아주 무서운 말이다. 마르틴 루터도 말했다. "당신의 지갑이 회개하지 않으면 당신은 진정으로 회개한 것이 아니다"라고.

구제는 마음이다. 마음으로부터 남을 섬기려는 사람을 하나님은 기억하시고 축복하신다. '마임'의 홍혜실 회장님은 지금은 국내 화장품업계 톱 3에 들어가는 성공적인 기업의 CEO이지만, 그 분에게도 하루 벌어 하루 먹고 사는 일이 힘들던 젊은 시절이 있었다. 그렇게 힘든 형편에도 목사님들이나 선교사님들 대접하는 것을 아주 좋아했다고 한다.

어느 날, 목사님들을 대접하고 싶어서 어려운 형편에 믹서를 할부로 구입했다가 돈이 없어서 할부를 갚지 못하자 업체에서 매정하게 믹서를 회수해가는 바람에 통곡했다고 한다. 하지만 가난한 목사님들과 선교사님들, 가난한 사람들을 섬기고 싶어 했던 그 마음을 하나님께서 축복하셨다. 맨손으로 시작한 기업을 십여 년 만에 한국 굴지의 화장품 회사로 키워주신 것이다. 하나님께서는 결코 빚을 지지 않으신다.

"매 삼 년 끝에 그 해 소산의 십분의 일을 다 내어 네 성읍에 저축하여 너희 중에 분깃이나 기업이 없는 레위인과 네 성중에 거류하는 객과 및 고아와 과부들이 와서 먹고 배부르게 하라 그리하면 네 하나님 여호와께서 네 손으로 하는 범사에 네게 복을 주시리라"(신 14:28,29).

매 삼 년에 한 번씩 십일조를 가져와서 농사지을 땅이 없는 레위인들(가난한 주의 종들)과 고아와 과부들과 힘없는 나그네들을 불러서 먹이고 보살펴주라는 것이다. 그리하면 우리가 하는 모든 일에 하나님께서 복을 주실 것이라는 약속이다. 나는 하나님께서 이 약속을 어기시는 경우를 한 번도 본 적이 없다.

한 사람의 헌신

36 구브로에서 난 레위족 사람이 있으니 이름은 요셉이라 사도들이 일컬어 바나바라(번역하면 위로의 아들이라) 하니 37 그가 밭이 있으매 팔아 그

값을 가지고 사도들의 발 앞에 두니라

당시 자기 밭과 집을 팔아 교회에 헌금하여 힘든 이웃들을 돕게 한 사람들이 많았는데, 누가는 왜 하필 바나바 사건을 특별히 언급하고 있는 것일까? 아마도 훗날 바울을 초대교회에 데뷔시키고, 항상 사람들을 위로하고 세우는 지도자로 부상하게 되는 그의 헌금이 가지는 의미가 특별했던 것 같다. 이 사건은 당시 초대교회에 신선한 쇼크를 주었던 것임이 분명하다. 그러니까 역사학자로 유명한 누가가 굳이 이 사건을 기록하지 않았겠는가.

"밭"이라고 번역된 바나바의 토지는 상당히 규모가 큰 땅이었던 것 같다. 단지 사이즈만 큰 땅이 아니라 아주 의미 있고 모두가 알고 있는 귀한 땅이었던 것 같다. 어쩌면 가지고만 있어도 값어치가 쑥쑥 올라가는 좋은 땅이었을지 모른다. 아니면 그가 레위족, 즉 교역자 집안의 사람인 것으로 미루어보아 바나바는 그리 잘 사는 형편이 아니었을 것이고, 어쩌면 비상시에 쓸 유일한 재산이었을지도 모른다. 그래서 그 땅을 조용히 팔아 그 값을 교회에 바쳐 가난한 형제들을 구제하게 한 사건이 모두에게 충격을 준 것이다. 아무도 그에게 헌금을 강요하지 않았다. 그저 자신이 기도하면서 성령의 감동으로 했을 것이다.

하나님의 나라는 말에 있지 않고 행함에 있다. 바나바는 조용하지만 실로 엄청난 실천으로 사람들에게 거룩한 감동을 주었다. 초대교회 성도들이 모두 자기의 것들을 형제자매들과 나누는 중에 바나바의 헌신은 특별한 도전과 감동을 주었다. 마치 옥합을 깨고 비싼 향유를 주님 발에 부으면서도 아무 말도 하지 않았던 마리아처럼. 그런데 우리는 이와 반대로 조금 드리면서도 소리는 시끄럽게 내지 않는가? 불평과 비난은 많이 하면서 헌신은 약하게 하지 않는가?

성경은 바나바는 좋은 땅을 팔아 바쳤는데, 다른 사람들은 상대적으로 덜 바쳤다는 말을 기록하지 않는다. 성도들의 헌금 액수를 비교하지도 않는다. 다만 바나바는 그렇게 바쳤다고 말할 뿐이다. 이전에도 언급했지만 나눔은 개인적인 것이다. 그 사람에게 준 하나님의 은혜와 감동으로 자발적으로 하는 것이다. 중요한 것은 내가 처한 상황에서 내가 가진 것으로 최선을 다하여 기쁘게 드리는 것이다. 주님은 그런 나눔을 기뻐하신다.

목사로서 헌금 설교를 하는 것은 쉽지 않다. 워낙 예민한 문제이기 때문이다. 그러나 강해 설교의 묘미는 아무리 힘든 문제라도 그 본문에 담겨 있으면 해야 하는 것이다. "네 보물 있는 그곳에는 네 마음도 있느니라"(마 6:21)라고 했다. 우리가 어려운 형제자매들을 물질로 도울 때, 신비하게도 우리의 마음이 함께 가게 된다. 그래서 주님은 아무리 작은 액수라도 굳이 우리의 물질을 움직여서 서로를 돕기 원하신다.

앞서 언급한 '러브펀드'를 통해 개척 첫 해에 국내 미자립교회 수십 곳을 백만 원씩 지원했는데, 그중에 그 다음 해에 백만 원을 도로 헌금해온 교회가 생겼다. 자기 교회가 몇 십 명이 더 늘어서 성장했으니, 더 힘든 교회를 도와주면 좋겠다는 것이었다.

나는 큰 감동을 받았다. 항상 남에게 도움을 받아야 한다고 생각하던 그 교회가 남을 도와주는 교회가 되려고 하니까 하나님께서 도울 수 있는 힘을 주시며 축복해주신 것 같아 기뻤다. 나는 그 교회가 반드시 계속 부흥하리라고 믿는다. 구제는 부자 교회, 큰 교회만 하는 것이 아니다. 내가 개척교회를 하면서 남을 도와보니까 이전에 대형교회 부목사로 있을 때 하던 것과는 차원이 다른 감동이 있다. 남을 돕는 것이 나를 살리는 것임을 느낀다.

그 다음 해, 우리는 미주와 캐나다지역 해외동포 미자립교회 10여 곳에 한 달에 2백 불씩 1년 동안 지원하는 일로 러브펀드 수혜자 대상범위를 확대했다. 놀라운 것은 수혜자로 선택된 분들 중에 많은 분들이 자기보다 더 어려운 이웃의 교역자들에게 그 지원금을 양보하는 모습이었다. 이것이 바로 주님의 교회 공동체다. 이처럼 사랑은 계속 흐르는 것이다.

02 거룩의 연단

행 5:1-11

동기를 보시는 하나님

많은 사람들이 하나님께서 사랑이시라는 사실에 감격하면서도 그분이 거룩한 분이심은 잘 모른다. 아니, 알면서도 자주 망각한다. 은혜에 익숙해진 나머지 하나님을 함부로 대하는 사람들이 교회에 많다. 나는 '경박'과 '경직'은 종이 한 장 차이라고 생각한다. 경직된 교회 문화에 염증을 느낀 사람들이 그 반작용으로 자유함을 강조하다가 경박한 영성으로 넘어가버리는 것을 많이 봤다. 권위주의에 반발하다가 방자해져버리는 것이다.

경박한 영성의 특징은 순수하지 않은 헌신을 드리는 것이다. 더 자세히 설명하자면 나의 온 마음과 정성, 즉 100퍼센트를 드리지 않고, 하나님의 눈이 아닌 사람의 눈을 의식해서 드리는 헌신을 말한다. 하나님께서는 결코 이런 가증스러운 헌신을 받지 않으신다.

교회가 성장하기 위해선 기본 체질이 건강해야 한다. 그러려면 교회를 병들게 하는 병균을 가차 없이 제거하는 것이 필요하다. 그래서 하나님께서는 거침없이 성장하는 초대교회 초창기에 하나님의 거룩을 아주 충격적인 방법으로 보여주셨다.

1 아나니아라 하는 사람이 그의 아내 삽비라와 더불어 소유를 팔아 **2** 그 값에서 얼마를 감추매 그 아내도 알더라 얼마만 가져다가 사도들의 발 앞에 두니

바나바의 헌금 사건은 교회 전체에 깊은 감동을 주었다. 성령의 감동으로 한 헌금은 사람이 아닌 하나님께 영광을 돌린다. 하나님께 영광을 돌리게 되면 자연히 사람들에게도 존경을 받는다. 거기까진 좋았는데 바나바가 받는 존경을 질투한 사람이 있었으니, 바로 아나니아와 삽비라였다. 이들 부부도 초대교회 내에서 상당한 중진 멤버였음이 분명하다. 그러니까 사람들이 바나바를 존경하고 사랑하게 되었을 때 그것을 질투한 것이리라.

그래서 이들 부부도 '우리도 좋은 땅이 있으니까 그것을 팔아 헌금하자. 우리 땅이 훨씬 크고 좋으니까 바나바보다 더 많이 할

수 있을 거야. 그러면 사도들과 교인들이 우리를 더 인정하게 될 거야' 하는 생각에 자신들도 부랴부랴 땅을 팔아 돈을 만든다.

사실 자기 집과 땅을 팔아서 헌금하기가 쉬운 일은 아니다. 그런 의미에서 이들 부부도 대단한 신자였다. 그러나 중요한 것은 목적과 동기였다. 하나님께서 어떻게 생각하시느냐가 중요한데 이들은 사람들이 어떻게 생각하느냐에 관심이 더 있었다.

이때부터 문제는 시작된다. 엄밀히 말하면 이들은 자신의 재산에 대해서 임의대로 사용할 권리가 있었다. 그들이 재산을 처분한 것 중 일부를 남겨두고 나머지를 교회에 바친다고 잘못될 것은 없었다. 헌금을 드리면서 "이것은 제 땅을 판 돈의 일부입니다. 나머지는 제가 필요한 곳이 있어 다 드리지 못했습니다"라고 하면 문제가 될 일이 없었다.

문제는 그들이 일부를 몰래 감추었다는 데 있다. 여기서 '감추었다'는 단어는 여호수아 때 여리고 정복 전쟁 후, 아간이 하나님의 명령을 어기고 전리품의 일부를 몰래 빼돌렸을 때 쓰였던 단어다. 이들의 잘못은 재산을 다 헌납하지 않은 데 있는 것이 아니라, 일부를 전부인 양 위장했다는 것에 있다.

왜 그랬을까? 그것은 아나니아의 동기가 불손했기 때문이다. 성령의 감동으로 믿음과 사랑으로 한 게 아니라, 바나바가 성도들로부터 받는 존경과 사랑을 자기도 받고 싶어서 헌금했기 때문이다. 그런데 막상 땅을 팔고 보니 전부를 다 드리는 것이 아까웠던 것이다. 그러다가 '바나바가 헌금한 것보다 조금만 더 하면 되겠지. 다 헌금할 필요는 없을 거야'라고 판단한 것이다. 하지만 자신이 가진 모든 것을 바친 바나바처럼 자기도 가진 땅 전부를 바친다고 생색내고 싶었던 이들 부부는 사도들 앞에서 자신들이 땅값 일부를 감추었다는 사실을 말하지 않기로 했다. 동기가 불순하니까 방법도 나빠지는 것이다.

사탄은 큰 죄로 다가오지 않는다. 작은 죄로 다가온다. 큰 거짓말이 아닌 작은 거짓말로 다가온다. 합리적으로 그럴듯하게 설득한다.

"구제헌금 안하겠다는 것도 아니고, 어쨌든 헌금을 이렇게 많이 하니까 안 하는 것보다야 좋지 않느냐? 땅을 얼마에 팔았는지 누가 아느냐? 너희 부부만 서로 말을 맞추면 되지 않느냐? 자식 교육도 시켜야 되고, 시집 장가도 보내야 하는데 어떻게 다 교회에 갖다 바치느냐?"

질투와 욕심에 가득 찬 이 부부는 사탄의 꾐에 넘어가 버린다. 추측하건대 아나니아와 삽비라 부부가 드린 헌금은 상당히 큰 헌금이었을 것이다. 그들의 의도대로 그 액수만 보면 다른 성도들이 "야, 대단하네!"라고 감탄할 정도의 액수였을 것이다. 겉으로만 보면 문제가 될 게 없었다. 그러나 베드로는 성령충만한 사람이었기에 섣불리 그 헌금을 받지 않았다.

  사람들은 큰 헌금을 하면 하나님께서 크게 감동을 받으시리라고 착각한다. 그러나 하나님께서는 이미 우주에서 가장 큰 부자이시다. 그분은 액수가 아니라 마음에 감동하신다. 그래서 하나님께서는 아무 돈이나 아무 헌신이나 받지 않으신다. 성령의 사람은 하나님의 영으로 거짓된 헌신을 순식간에 분별해낸다. 베드로가 성령충만하지 않았더라면 아무 생각 없이 아나니아의 헌금을 받았을 것이고, 교회는 큰 시험에 들었을 것이다. 순수하지 못한 동기로 드린 헌금이나 헌신은 나중에 반드시 교회를 시험 들게 한다.

  교회를 개척해보니까 사람이 아쉽고, 돈이 아쉬운 적이 많았다. 조금이라도 헌신해주고 헌금해주는 사람이 생기면 엎드려 절이라고 하고 싶은 것이 개척교회 목사의 마음이다. 그러나 하나님께서는 헌신하겠다고, 헌금하겠다고 오는 사람들이라고 아무 생각 없이 받지 못하게 하셨다. 사람을 사랑해야 하지만 사람을 함부로 믿지 말라고 하셨다. 기도해보라고 하시고, 성령의 음성을 듣고 나서 결정하라고 하셨다. 지나고 보면 과연 하나님께서 옳으셨다. 잘못된 동기로 드린 헌신은 금방 바닥을 드러냈고, 그런 사람들은 썰물처럼 빠져나갔다. 하나님께서는 순수한 동기로 드리는 헌신과 헌금만을 받으신다.

베드로는 성령충만했기에 아나니아의 거짓을 순식간에 분별해 낼 수 있었다. 정말 무섭지 않은가! 성령충만하지 않으면 액수에 속아 아무 생각 없이 그 돈을 받았을 것이다. 우리가 말씀과 기도로 잘 무장되어 있지 않으면 이것이 하나님으로부터 온 것인지, 사탄으로부터 온 것인지 분별하기가 어렵다. 그래서 영적 지도자는 반드시 영적 분별력이 있어야 한다.

아나니아는 하나님을 속일 수 있다고 생각했다. 많은 하나님의 사람들이 쉽게 죄를 짓는 이유는 하나님을 속일 수 있다고 생각하기 때문이다. 그러나 그분은 우리의 모든 행위를 아시며, 생각까지도 다 아시는 분이다.

"여호와여 주께서 나를 살펴 보셨으므로 나를 아시나이다 주께서 내가 앉고 일어섬을 아시고 멀리서도 나의 생각을 밝히 아시오며 나의 모든 길과 내가 눕는 것을 살펴 보셨으므로 나의 모든 행위를 익히 아시오니 여호와여 내 혀의 말을 알지 못하시는 것이 하나도 없으시니이다"(시 139:1-4).

거짓의 영들은 하나님의 사람 앞에서 실체가 드러나 버린다. 그래서 나는 이단의 침투를 경계는 하지만 두려워하지는 않는다. 성령충만한 교회에 거짓의 영이 들어오면 금방 정체가 드러나 쫓겨나버리기 때문이다. 성령충만한 교회는 자유롭고 따뜻해도 영적 권위가 분명하게 서 있다. 부부 사이에서도 한쪽이 성령충만하면 배우자라도 함부로 대하지 못한다. 만약 남편 아나니아가 잠시 거짓의 영에 미혹되었다 해도, 아내 삽비라가 성령충만했다면 상황은 달라졌을 것이다.

내부의 적을 주의하라

3 베드로가 이르되 아나니아야 어찌하여 사탄이 네 마음에 가득하여 네가 성령을 속이고 땅값 얼마를 감추었느냐

"어찌하여 사탄이 네 마음에 가득하여"를 원문 그대로 직역하면 "너는 어찌하여 사탄이 네 마음을 장악하도록 허락하였느냐?"라는 뜻이다. 우리가 허락하지 않으면 사탄은 우리 마음을 장악할 수 없다. 우리가 허락했다는 말은 우리 안에 사탄이 달라붙을 수 있는 빌미를 주었다는 것이다. 불륜을 저지른 것은 내 안에 있는 음욕을 방치했기 때문이며, 살인을 저지른 것은 내 안에 있는 미움을 방치했기 때문이다. 아나니아에게는 바나바를 향한 질투와 돈에 대한 욕심이 있었다. 이 두 짚단에 사탄이 불을 붙여버린 것이다.

깨끗한 집에는 바퀴벌레가 기승하기 힘들듯이 마귀도 아예 아무것도 없는 데서 뭔가를 시작하지는 못한다. 자신이 달라붙을 만한 더러운 것, 해결되지 않은 옛 사람의 잔재가 남아있는 곳에 달라붙어 역사한다. 특히 좋은 일을 하려고 할 때, 하나님을 위해

서 헌신하고 헌금하려고 할 때 더 일어난다. 사탄은 하나님께 드리는 헌신까지도 타락시켜 버린다. 그래서 하나님의 일을 할 때 시험이 더 많다.

사실 이때까지 예루살렘 초대교회는 거침없이 승승장구했다. 그러나 사탄이 이런 은혜로운 교회 공동체를 그냥 둘 리가 없었다. 호시탐탐 기회를 엿보았을 것이다. 외부의 핍박으로는 오히려 교회가 더욱 단결하고 기도하니까 교회 내부에 가만히 들어와 아직도 옛 사람의 잔재를 가지고 있는 아나니아와 삽비라에게 달라붙었다. 때로 내부의 적이 외부의 핍박보다 훨씬 더 무섭다.

베드로가 지적한 아나니아의 죄악의 본질은 성령을 속인 것이다. 겉보기에는 재산의 일부만 드리면서 전부 드린다고 말함으로 교회 지도자들을 속인 것이었지만 이는 곧 성령을 속이는 일이었다. 교회는 주님의 몸이며, 성령은 주님의 영이시기 때문이다.

4 땅이 그대로 있을 때에는 네 땅이 아니며 판 후에도 네 마음대로 할 수가 없더냐 어찌하여 이 일을 네 마음에 두었느냐 사람에게 거짓말한 것이 아니요 하나님께로다

"땅이 그대로 있을 때"는 아나니아가 자신의 땅을 처분하지 않고 갖고 있던 때를 가리킨다. 당시 초대교회 교인들의 재산 헌납은 전적으로 하나님께 받은 은혜의 분량에 따라 자발적으로 드리

는 헌신이었다. 베드로는 아나니아에게 이는 교회가 억지로 강요한 것이 아니고 순전히 본인이 자발적으로, 감사한 마음으로, 은혜 받은 만큼 드려야 하는 헌금이었다는 사실을 상기시키고 있다.

"어찌하여 이 일을 네 마음에 두었느냐?"는 어떻게 이런 일을 생각이라도 할 수 있느냐는 것이다. 행위가 있기 전에 생각이 있다. 마음의 계획이 있다. 하나님께서는 마음의 증오도 실제 살인과 같이 보신다. 그래서 잠언에 보면 "모든 지킬 만한 것 중에 더욱 네 마음을 지키라"(잠 4:23)라고 했다. 베드로는 "어떻게 네 마음속에서 감히 이런 일을 계획할 수 있느냐?"라는 것이다. "성령이 충만히 임재해 계신 초대교회에 어떻게 그런 거짓을 집어넣을 수 있느냐?"라는 것이다.

태어난 지 얼마 안 된 초대교회는 당시 엄청나게 부흥하고 있었다. 성령 강림으로 인해 방언도 터졌고, 기적도 보았고, 구제와 봉사의 열기도 뜨거웠다. 날마다 모여 말씀공부도 했고, 함께 기도도 했고, 핍박도 이겨냈다. 그러나 아무리 정교하게 만들어진 반도체칩도 그 안에 작은 먼지가 들어가면 무용지물이 된다. 교회도 마찬가지다. 교회가 부흥하고, 성경공부와 제자훈련과 사랑의 나눔 등이 아무리 훌륭하다 할지라도 그 안에 거짓과 속임의 영이 숨어든다면 이 모든 축복은 물거품이 되고 말 것이다. 거짓은 그렇게 무서운 것이다.

하나님은 진리이시지만 사탄은 거짓의 화신이다. 사탄의 이름의 뜻이 '거짓말 하는 자'이다. 처음에 인간이 선악과를 먹도록 꾀던 때부터 사탄은 거짓말하는 자였다. 그래서 농담으로라도 거짓말을 하지 말아야 한다. 어떤 사람은 무슨 말을 해도 적당히 거짓을 섞어 말하는 것을 아무렇지도 않게 생각한다. 상대방이 자기 말에 속아 넘어가는 것이 재미있다는 거다. 때로 우리는 가벼운 거짓말을 대수롭지 않게 생각하지만 하나님께서는 굉장히 심각하게 생각하신다. 우리가 거짓을 말하면 즉시 사탄이 달라붙어 역사한다. 그러나 손해를 보더라도 진실을 말하면 하나님의 영이 역사하신다.

하나님의 사람은 만우절 같은 때도 세상 사람들처럼 무례한 거짓말 행진에 함부로 동참하지 말아야 한다. 장난으로 하는 말이라도 사람을 시험 들게 하고, 하나님의 영광을 떨어뜨릴 수 있기 때문이다. 과장된 말을 하거나, 자기도 모르게 말이 왔다갔다 하거나, 남을 웃기려고 장난처럼 거짓말하는 습관이 있다면 회개하고 거짓의 영이 입술로부터 떠나기를 기도하라.

죽음의 심판

5 아나니아가 이 말을 듣고 엎드러져 혼이 떠나니 이 일을 듣는 사람이 다 크게 두려워하더라

베드로의 불같은 질책이 끝나기가 무섭게 아나니아가 쓰러져 죽었다. 하나님께서 즉각 죽음으로 심판하신 것이다. 이것을 현장에서 목격한 사람들은 큰 충격을 받아 다른 성도들에게 전했고, 들은 사람들은 다 거룩한 두려움에 사로잡혔다.

9 베드로가 이르되 너희가 어찌 함께 꾀하여 주의 영을 시험하려 하느냐 보라 네 남편을 장사하고 오는 사람들의 발이 문 앞에 이르렀으니 또 너를 메어 내가리라 하니

하나님께서 하와를 아담과 결혼시키셨을 때, '돕는 베필'로 붙여주셨다. 서로 부족한 것을 메우며 살라는 것이다. 특히 영적으로 서로 균형을 잡을 수 있도록 부부는 노력해야 한다. 남편 아나니아가 땅값 일부를 감추자고 해도, 아내가 성령의 사람이라면 "여보, 어떻게 하나님을 속일 수 있어요?"라고 남편을 바로잡아 주었어야 했다. 그런데 부부가 같이 욕심과 거짓에 사로잡혀 공모해버린다. 하나님의 뜻을 행하는 일에 하나가 되어야 하는데 아나니아와 삽비라 부부는 나쁜 일에 하나가 되었다. 2절에 보면, 처음 땅을 팔아 그 일부를 몰래 감출 때부터 아내 삽비라도 알았다. 즉 부부가 사건 초기부터 공모한 것이다.

'주의 영을 시험했다'는 것은 이들이 성령님을 만만히 보았다는 것이다. '이 정도만 내도 다른 성도들보다 훨씬 많이 내는 건데 하나님께서 고마워하실 거야' 하면서 하나님을 우습게 여긴 것이

다. 또는 '설마 어떻게 알랴?' 하는 마음으로 함부로 여겼다는 것이다.

이들처럼 '하나님은 사랑이시니까' 하면서 만만히 보고 함부로 대하는 사람들이 있다. 쓰다 남은 물질, 내 할 일 다 하고 쓰다 남은 시간을 드리면서 뻐기고 싫증내며 드리는 사람들이 있다. 하나님을 함부로 대하지 말라! 한없는 자비로 우리를 봐주셔서 그렇지, 그분은 만홀히 여김을 받지 않으시는 분이다.

주의 영은 성령님이시다. 성령께서 임하심으로 태어난 초대교회 공동체, 오직 성령의 능력과 리더십으로 움직여지던 교회 내에서 그분을 함부로 대한다는 것은 끔찍한 죄였다. 그래서 하나님께서는 그들을 순식간에 죽음으로 심판하신 것이다.

온전한 드림

구약성경 말라기서에 보면 '온전한 십일조'를 드리라는 말이 반복된다(말 3:10 참조). 드리는 게 문제가 아니라 온전한 것을 드려야 한다는 말이다. 이 말을 생각하면 온전한 헌금, 하나님께서 기뻐 받으시는 헌금과 헌신이란 어떤 것인가를 생각하게 된다.

첫째, 최선을 드리는 것이다.

"예수께서 헌금함을 대하여 앉으사 무리가 어떻게 헌금함에 돈 넣는가를 보실새 여러 부자는 많이 넣는데 한 가난한 과부는 와서 두 렙돈 곧 한 고드란트를 넣는지라 예수께서 제자들을 불러다가 이르시되 내가 진실로 너희에게 이르노니 이 가난한 과부는 헌금함에 넣는 모든 사람보다 많이 넣었도다 그들은 다 그 풍족한 중에서 넣었거니와 이 과부는 그 가난한 중에서 자기의 모든 소유 곧 생활비 전부를 넣었느니라 하시니라"(막 12:41-44).

이 가난한 과부의 헌금이 왜 주님을 감동시켰는가? 그것은 그녀가 목숨보다 무거운 사랑의 헌금을 했기 때문이다. 그녀는 자신의 최선을 드렸다. 그런 헌금은 믿음이 있어야만 할 수 있다. 그리고 바로 그런 헌금이야말로 축복의 시작이다.

둘째, 하나님께서 우리의 주인이시기에 우리의 미래도 책임져 주실 거라는 믿음을 보이길 원하신다. 하나님께서는 정성을 다해 드리는 우리의 헌금을 통해서 하나님이 우리의 주인이심을 선포하기 원하시는 것이다. 이 두 가지 이유가 이미 모든 것을 갖고 계신 하나님께서 굳이 우리의 헌금을 받으시는 이유다.

보리떡 다섯 개와 물고기 두 마리만 있어도 주님은 그것을 가지고 오천 명을 먹이실 수 있다. 그것이 교회다. 주님을 믿고 온전히 드리는 마음만 있다면 하나님께서 작은 물질을 통해서도 기적을 일으키실 것이다. 작은 것을 드려도 기쁘게, 최선을 다해, 믿음을 가지고 드리는 사람의 헌금을 주님은 받으신다. 하지만 '아나니아와 삽비라는 잘못된 헌금을 드리다가 죽임 당했어. 그러니까 아에 안 나서는 게 제일이야. 헌금을 아예 안 했으면 별일 없었을 것 아니야?' 하는 사람은 아나니아와 삽비라보다 더 못된 심보를 가진 사람이다.

어떤 사람은 자기 형편이 어려워서 십일조 드릴 사정이 안 된다고 한다. 아니다. 돈이 없어서 십일조를 못 드리는 게 아니고, 십일조를 안 하니까 돈이 없는 것이다. 하나님께 기쁜 마음으로 최선을 다해 드리지 않으니까 계속해서 형편이 어려운 것이다. 과부의 엽전 두 닢도 주님은 받으셨다. 그 가난한 과부는 최선을 다해 헌금을 드렸다. 보리떡 다섯 개와 물고기 두 마리는 가난한 소년이 가진 도시락의 전부였지만 드렸다. 그때부터 기적은 시작되었다.

믿음으로 드리는 그 순간부터 하나님께서 준비하신 축복의 시대가 시작된다. 그러므로 두려워하지 말고, 정말 힘들 때라도 올바른 십일조 생활을 시작하라. 열심히 사는 데도 계속해서 경제적으로 쪼들린다면 마음에서부터 기쁘게 십일조 생활을 시작해보라. 하나님께 당연히 드려야 할 것을 드리지 않아서 눌려 있었고, 묶여 있었을 것이다. 그것은 온전한 드림으로 끊을 수 있다.

약속된 은혜

《삶으로 가르치는 것만 남는다》에 기록된 수원중앙기독초등학교 김요셉 목사의 간증을 감명 깊게 읽었다. 그 학교의 건립을 위해 아버지이신 김장환 목사님이 30억을 마련해주셨다고 한다(1950년대 선교사로 오셨을 때 헐값으로 사놓았던 땅이었다고 한다). 그런데 건축을 시작할 때 아버지가 "요셉아, 십일조 먼저 드리고 시작해야지" 하시더란다. 안 그래도 전체 건축 예산의 절반이나 부족해서 여기저기 돈을 꾸러 다니는 어려운 형편을 아시는 아버지가 그런 말씀을 하시니 매우 야속했단다.

"지금 있는 돈으로도 공사하기가 턱없이 부족해요. 아버지께서 우리 교회에 헌금하셨다고 생각하시면 되잖아요?"

그러나 아버지는 뜻을 굽히지 않으셨다.

"30억의 십일조면 3억이겠구나."

김요셉 목사는 꼼짝없이 십일조를 드릴 수밖에 없었다. 그리고 한 달이 지났다. 학교 건물이 산비탈의 땅에 들어설 예정이어서 반드시 진입로를 내야만 했는데 돈이 턱없이 부족했다. 그때 한전 직원이 찾아왔다. 그 일대의 아파트 건립 때문에 고압선을 땅에 묻어서 지나가게 해야 했는데, 그것이 지나가는 길에 학교 건물이 있더라는 것이다. 그래서 산 위의 땅을 한전에 팔면 고압선도 땅속으로 안전하게 지나가게 하고, 진입로 공사까지 해주겠다고 했다. 골칫거리였던 몇 가지 문제가 순식간에 해결되면서 나중에 학교가 얻은 이익을 계산해보니 약 30억 원 정도나 됐다. 단 한 달만에 하나님께서 십일조의 열 배를 돌려주신 것이다.

"만군의 여호와가 이르노라 너희의 온전한 십일조를 창고에 들여 나의 집에 양식이 있게 하고 그것으로 나를 시험하여 내가 하늘문을 열고 너희에게 복을 쌓을 곳이 없도록 붓지 아니하나 보라"(말 3:10).

"각각 그 마음에 정한 대로 할 것이요 인색함으로나 억지로 하지 말지니 하나님은 즐겨 내는 자를 사랑하시느니라"(고후 9:7).

몇 년 전 괌에서 제일 주목받고 있는 교회에서 주일예배를 드린 적이 있다. 교회의 헌금 시간은 완전히 축제 시간이었다. 한 3백 명쯤 되는 교인들이 기차 대형으로 본당 안을 빙빙 돌면서 신나게 찬양하며 제단 앞으로 나가 헌금함에 헌금을 넣는 것이었다. 다들 얼굴이 싱글벙글했다. 나는 속으로 무릎을 쳤다.

'아! 바로 이거야. 헌금 드리는 것은 신나는 일이야!'

기쁜 마음으로 드릴 수 있는 것은 감사하는 마음이 있기 때문이다. 감사의 마음은 자신이 가진 모든 것이 하나님의 선물임을 알기에 생긴다. 받은 복을 세어보면서 감사하는 마음이 없으면 하나님께 드릴 때 아까운 마음이 들게 된다.

사업이 힘들어 망하기 일보직전까지 간 한 집사님이 있었다. 이를 안쓰럽게 여긴 목사님은 하나님께서 불쌍히 여기셔서 사업을 회복시켜주시고 하나님의 일을 하게 해달라고 간절히 기도했다.

그 후에 사업이 불일 듯 일어나기 시작했다. 그런데 사업이 잘되어 십일조를 이전의 열 배나 하게 된 집사님은 곤혹스러워하며 목사님께 말했다.

"목사님, 제대로 하자면 이젠 십일조를 한 달에 1억이 넘게 해야 하는데, 솔직히 시험에 듭니다."

그랬더니 목사님이 이렇게 기도해주셨다고 한다.

"주님, 이 분이 하나님의 은혜로 물질적인 축복을 크게 받아 많은 십일조를 내면서 마음으로 힘들다고 하오니, 이 분의 고민을 없애주시옵소서. 다시 이전처럼 사업이 10분의 1로 줄어들게 하옵소서."

그러자 집사님은 얼굴이 빨개져서 말했다.

"목사님, 죄송합니다. 제가 잘못했습니다. 하나님께서 제게 주신 은혜는 생각하지 않고 욕심에 눈이 멀어서 그만…."

또 증권에 투자하는 식으로 헌금하는 이들이 있다.

'내가 이 정도 하면 반드시 하나님께서 두 배의 액수로 갚아주실 거야.'

물론 하나님께서는 마음으로 기쁘게 드리는, 최선의 십일조를 드리는 자에게 보상을 약속하셨다. 그러나 그것을 바라고 투자하는 것처럼 불순한 마음을 품어선 안 된다. 이미 하나님께서 독생자 예수 그리스도를 우리 위해 십자가에 돌아가시게 한 것만으로도 우리는 모든 것을 다 드려도 갚지 못할 은혜를 받지 않았는가!

"만군의 여호와가 이르노라 너희가 또 말하기를 이 일이 얼마나 번거로운고 하며 코웃음치고 훔친 물건과 저는 것, 병든 것을 가져왔느니라 너희가 이같이 봉헌물을 가져오니 내가 그것을 너희 손에서 받겠느냐 이는 여호와의 말이니라"(말 1:13).

아나니아와 삽비라의 헌금이 바로 이것이었다. 액수가 문제가 아니라 마음이 문제였다. 마음으로부터 하나님께 감사하지 않고 남의 눈을 의식해서 기쁨도 없이, 할 수 없이 헌금한 것이다. 십일조를 하라니까 양 열 마리 중 한 마리를 가져왔는데, 가장 병들고 약해빠진 양을 가져온 것이다. 그야말로 구색만 맞춘 것이다. 그러면서도 십일조는 드렸으니까, 즉 할 바는 다 했으니 자기를 축복해달라는 못된 마음을 품은 것이다.

두려워할 자를 두려워하라

10 곧 그가 베드로의 발 앞에 엎드러져 혼이 떠나는지라 젊은 사람들이 들어와 죽은 것을 보고 메어다가 그의 남편 곁에 장사하니 11 온 교회와 이 일을 듣는 사람들이 다 크게 두려워하니라

아나니아와 삽비라의 죽음 사건은 한창 부흥하던 초대교회에 큰 충격을 주었다. 성도들은 '큰 두려움'에 사로잡혔다. 종교지도자들이 베드로와 요한을 체포해갈 때도 그들은 두려워하지 않았

다. 외부의 핍박은 함께 기도함으로 이겨낼 수 있었다. 그러나 교활한 사탄은 믿음의 공동체 안에 거짓의 영을 퍼뜨리려 했다. 아나니아와 삽비라 부부는 헌금을 안 한 것이 아니라 잘못된 헌금을 하다가 심판받았다.

사람들은 이 사건으로 인해서 거룩하신 하나님의 권위에 엄청난 두려움을 느끼게 된다. 자기들 안에도 이들 같은 요소들이 꿈틀거리고 있었기 때문이다. 그래서 하나님께서는 태어난 지 얼마 안 되는 초대교회 전체에 주는 경고로 이들 부부를 심판하셨다. 혹자는 "하나님께서 아나니아와 삽비라 부부를 죽이신 것은 너무하신 것이 아닌가?" 하는데, 우리가 오히려 물어야 할 질문은 "그들과 똑같은 죄를 짓고 있는데 어떻게 우리는 살아 있느냐?" 하는 것이다. 그것은 하나님의 은혜이다. 은혜는 당연한 것이 아니다.

"하인리히의 법칙(Heinrich's Law)"에 대해 들어본 적이 있는가? 대형사고가 발생하기 전에 그와 관련된 수많은 경미한 사고와 징후들이 반드시 존재한다는 것을 밝힌 법칙이다. 예를 들어 산업재해가 발생하여 중상자가 1명 나오면 그 전에 같은 원인으로 발생한 경상자가 29명, 같은 원인으로 부상을 당할 뻔한 잠재적 부상자가 300명 있었다는 사실이었다. 그래서 하인리히 법칙은 "1:29:300 법칙"이라고도 부른다. 즉 큰 재해와 작은 재해 그리고 사소한 사고의 발생 비율이 1:29:300이라는 것이다.

큰 재해는 항상 사소한 것들을 방치할 때 발생한다. 사소한 문제가 발생했을 때 면밀히 살펴 그 원인을 파악하고 잘못된 점을 시정하면 대형사고나 실패를 방지할 수 있지만, 징후가 있음에도 무시하고 방치하면 돌이킬 수 없는 대형사고로 번질 수 있다. 흔한 예로 몇 년 동안이나 음주운전을 했는데도 가벼운 접촉 사고 한두 번 외에는 큰 사고가 없었다면 그 사람은 음주운전을 해도 별 문제가 없을 거라고 생각할 것이다. 그러다가 어느 날 갑자기 큰 사고가 터져서 자신도 죽고, 다른 사람도 죽거나 다치게 된다. 하인리히의 법칙을 무시했기 때문이다.

이 사람에게는 음주운전을 하고도 몇 년 동안 큰 사고가 없었던 것이 축복이 아니라 저주다. 그렇게 해도 별일 없을 거라는 안일함을 심어주었기 때문이다. 차라리 처음 음주운전을 했을 때 큰 부상은 아니더라도 정신이 화들짝 놀랄 정도의 사고가 났다면 이후로는 절대 술을 마시고 운전대를 잡지 않았을 것이다.

그런 의미에서 아나니아와 삽비라의 죽음은 초대교회 전체의 거룩을 위해 하나님께서 던지신 충격적 경고였다. 이로 인해 교회 전체가 정신을 번쩍 차렸다. 당시는 아픔이었지만 길게 보면 막 태어나는 초대교회 전체의 기반을 확고히 다지는 거룩의 연단이었다.

하나님께서는 그분의 백성을 다루실 때, 항상 시작 무렵에 확실히 군기를 잡으신다. 구약성경에 보면 이스라엘 백성이 광야생활할 때 성막이 막 세워지고 나서, 예배단에 드리는 불을 함부로 드린 제사장 나답과 아비후를 죽이셨다. 또 여호수아의 리더십 아래 이스라엘 백성이 약속의 땅에 들어가 이뤄낸 첫 번째 승리, 여리고성 함락 이후 하나님께서는 그분의 명령을 어기고 전리품을 빼돌린 아간과 그의 가족을 죽음으로 심판하셨다.

그것은 하나님의 백성 모두에게 같은 류(類)의 죄가 확산되는 것을 막으시려는 하나님의 경고였다. 죄로 인해 심판받는 사람들을 보면서 우리는 자신 속에 꿈틀거리는 똑같은 죄의 씨앗을 죽여야 한다.

요즘은 교회가 은혜와 하나님만 강조해온 탓인지, 성도들이 하나님의 거룩을 우습게 생각하는 경향이 있다. 말하고 행동하는 것이 너무 경박하고, 경솔하고, 유치한 경우가 많다. 교회에서 교제할 때도 하나님의 일을 가지고 세상적으로 이야기한다. 밝고 따뜻한 유머는 좋지만, 하나님에 대한 경건과 거룩에 대한 예민함이 없다.

하나님께서 기적을 주시고, 축복을 주시고, 위로와 격려를 주시니까 하나님을 자기 마음대로 부릴 수 있다고 생각하는 경향까지 있는 것 같다. 그래서 하나님을 믿는다고 하면서도 적당히 거짓말하고, 교회에서 헌신하면서도 이 핑계 저 핑계를 대며 적당히 체면치레 정도로 한다. 하나님의 백성이 하나님을 함부로 대하니까, 세상이 교회를 우습게 본다.

구약시대의 성도들은 하나님의 이름을 부르지도 못했다. 하나님의 장막에는 제사장들도 일 년에 몇 번만 들어갈 수 있었고, 그것도 잘못하면 그대로 죽어나왔다. 그런데 예수님의 십자가를 통해 은혜의 시대가 우리에게 열린 것이다. 그렇다고 해서 하나님을 함부로 대해도 되는 것은 아니다. 그분은 여전히 전능자시요, 우리의 찬송과 존귀와 영광을 받기에 합당한 분이시기 때문이다.

행 5:12-16

03 새로운 소망의 시작

시련 뒤의 축복

아나니아와 삽비라의 죽음은 교회 전체에 큰 충격과 두려움을 주었다. 우리가 보기엔 별거 아닌 것 같은 일도 하나님께서 보시기엔 큰 것이 있다. 성경은 한 사람이 잘못할 때, 그로 인해 공동체 전체가 대가를 치러야 하는 경우들을 자주 보여준다. 한 사람 아담이 죄를 지었는데, 인류 전체가 죄의 노예가 되어 버렸다. 아간이 하나님의 명을 어기고 전리품을 훔쳤을 때, 이스라엘 전체가 아이성(城)에서 패배했다.

우리가 주님의 몸이 되었다고 할 때, 그 말은 서로가 서로에게 긴밀히 연결되어 있음을 뜻한다. 〈주 안에 우린 하나〉라는 찬양을 부를 때, 그 말이 얼마나 무서운 말인가를 생각하고 불러야 한다. 우리가 하나라는 것은 운명을 같이 한다는 뜻이다. 살면 같이 살고, 죽으면 같이 죽을 수도 있다는 거다. 즉 아나니아와 삽비라의 죄는 두 사람만의 문제가 아니라, 공동체 전체의 문제였다.

꼭 지도자가 아니라 해도 일단 교회의 지체가 되었다면 더 이상 개인의 문제란 없다. 개인의 문제는 바로 공동체 전체의 문제가 된다. 내가 영적으로 살아 있으면 그것이 공동체를 살릴 수 있고, 반대로 내가 영적으로 시험에 들면 그것이 공동체를 아프게 하는 바이러스가 될 수 있다. 그래서 직분을 맡았거나 영적 리더십 위치에 있는 사람들은 조심해야 한다.

뱀한테 물리면 빨리 상처난 부위를 끈으로 감아 몸 전체로 독이 퍼져나가는 것을 막는다. 상처는 작지만 치료할 타이밍을 놓치면 몸 전체가 죽을 수 있기 때문이다. 그래서 하나님께서는 지체 없이 아나니아와 삽비라의 죄를 벌하셨다. 초대교회는 아직 어렸기에 나쁜 불길은 초기에 빨리 진화해야 했던 것이다. 실제 죽은 것은 아나니아와 삽비라 두 사람 뿐이었지만, 많은 사람들 안에 잠재되어 있던 아나니아와 삽비라적인 요소들이 죽었을 것이다.

성경이 자세히 이야기하진 않지만, 아마도 그 일 후에 교회 내에 엄청난 회개의 바람이 불었을 것이다. 하나님의 거룩하심이 얼마나 무서운 것인지를 깨닫게 되면서 그동안 영적으로 방자해졌던 자신들의 모습을 다시 돌아보게 되었을 것이다.

시련이고 위기인 동시에 새로운 소망의 시작이었다. 이 사건을 계기로 교회는 회개했고, 정신을 차렸다. 정결하게 되었다. 하나님께서는 깨끗해진 그릇에 다시 새로운 부흥과 축복을 부어주신다. 위기와 어려움을 겪는다는 것은 조금 있으면 부흥과 축복이 온다는 뜻이다. 그래서 위기의 때를 믿음으로 잘 견뎌내야 한다.

'아나니아와 삽비라의 죽음'이라는 무서운 시련 뒤에 찾아온 새로운 부흥으로 초대교회는 영적인 실력을 갖춘 좋은 교회로 폭발적인 성장을 거듭하게 된다. 우리는 초대교회를 통해 연단으로 성숙해진 교회, 진짜 살아 있는 성령의 교회란 어떤 모습인가를 보게 된다.

능력 있는 영적 리더십

12 사도들의 손을 통하여 민간에 표적과 기사가 많이 일어나매 믿는 사람이 다 마음을 같이하여 솔로몬 행각에 모이고

하나님께서 "사도들의 손을 통하여" 많은 표적과 기사를 행하셨다. 이는 주께서 일찍이 제자들에게 약속하신 말씀의 성취이다.

"내가 진실로 진실로 너희에게 이르노니 나를 믿는 자는 내가 하는 일을 그도 할 것이요 또한 그보다 큰일도 하리니 이는 내가 아버지께로 감이라"(요 14:12).

말씀대로 베드로의 한 번 설교에 3천 명씩 세례 받고 하나님을 믿게 되는 일은 주님이 하신 것보다 큰일을 해냈다. 아니, 주님은 스스로 하실 수 있음에도 안 하셨고, 훗날 오순절 성령 강림 이후에 베드로를 통해서 하신 것이다. 주님은 당신이 기름부어 세우신 종들에게 영적 능력을 부어주신다. 영적인 능력이 있어야 하나님께서 주신 사명을 감당할 수 있다. 일이 힘들어서 문제가 아니라, 능력이 없는 것이 문제다. 하나님의 나라는 말에 있지 않고 행함에 있기 때문이다.

진짜 하나님의 종이냐 아니냐는 나이나 직함으로 증명되는 게 아니다. 그건 하나님께서 그를 통해 행하시는 일들을 보면 안다. 하나님의 종에게서는 능력이 흘러나온다. 기적은 하나님께서 종의 권위를 증명해주시는 도구이기도 하다. 모세를 세우실 때 홍해를 열어주셨고, 여호수아를 세우실 때 요단강이 갈라지게 하셨다.

"여호와께서 여호수아에게 이르시되 내가 오늘부터 시작하여 너를 온 이스라엘의 목전에서 크게 하여 내가 모세와 함께 있었던 것같이 너와 함께 있는 것을 그들이 알게 하리라"(수 3:7).

하나님께서 지도자를 통해 놀라운 기적을 보여주실 때 주시는 메시지는 분명하다. "보았느냐? 이 기적은 내가 이 사람과 함께한다는 증거다. 이 사람의 리더십을 따르라. 이 사람의 메시지를 들어라. 내가 이 사람을 세웠다."

미국에서 가장 급성장하는 교단 중에 하나인 갈보리 채플에서는 젊은 목회자 후보를 일단 한 지역에 보내어 설교와 성경공부를 시켜본 뒤, 부흥이 일어나면 목사 안수를 준다고 한다. 그리고 건물 구입도 도와주고, 전폭적인 지원을 해준다고 한다. 하나님께서 기름부으신 영적 지도자라면 사역에 능력이 나타나며, 이보다 더 확실한 리더십의 증거는 없다는 거다.

성령이 충만한 교회, 거룩을 회복한 교회에는 기적과 축복이 많이 일어나기 시작한다. 특히 "사도들의 손을 통해", 즉 영적 지도자들을 통해서 하나님의 축복과 기적이 넘치게 된다. 살아 있는 교회는 능력이 넘치는 영적 지도자들을 통해서 성장한다. 기적은 한두 번만 일어나도 놀라운 일이라고 하는데, 많이 일어났다고 하는 것은 하나님의 특별한 역사가 그 시대에, 그 도시들에, 열두 사도들을 통해서 부어졌음을 뜻한다. 교회의 능력은 거룩에서 나온다. 거룩이 세워지면 하늘의 능력이 거침없이 임한다.

우리는 절대 어제의 은혜만을 먹고 살아선 안 된다. 과거에 하나님께서 행하셨던 일들만 이야기하는 것이 아니라, 바로 오늘 현재진행형의 기적과 축복들을 경험하기 바란다.

15 심지어 병든 사람을 메고 거리에 나가 침대와 요 위에 누이고 베드로가 지날 때에 혹 그의 그림자라도 누구에게 덮일까 바라고

예수께서 이 땅에 계셨을 때, 병자들이 주님의 옷깃이라도 만지

려고 했던 장면과 유사하다. 얼마나 절박했으면 베드로의 그림자라도 스치기를 원했을까. 지나친 미신적 행위가 아니냐고 할 수도 있다. 그러나 이들은 아직 복음을 듣지 못한 사람들이었고, 기적의 유일한 통로는 사도들뿐이었다는 점을 감안해야 한다.

믿음이 깊은 사람들은 베드로가 아닌 베드로 안에 있는 성령께서 기적의 주체이심을 알지만, 아직 믿음이 없는 사람들은 일단 눈에 보이는 베드로를 보고 몰려들었다. 그러나 이것을 나쁘게만 볼 필요는 없다. 그것을 시작으로 해서 몸도 치유 받고, 복음도 듣고, 예수님을 믿게 되는 계기가 되기 때문이다.

혹자는 "정말 베드로의 그림자만 스쳐도 다 나았을까요?"라고 묻는다. 그러나 이게 중요한 게 아니고, 그만큼 베드로의 영적 영향력이 컸다는 게 중요하다. 하나님께서 세우신 영적 지도자의 영적 파워와 권위가 당시 사람들의 인정을 받았다는 게 중요하다. 베드로를 비롯한 사도들은 안 믿는 사람들로부터도 그런 인정을 받고 있었다.

확실한 깨달음

12 사도들의 손을 통하여 민간에 표적과 기사가 많이 일어나매 믿는 사람이 다 마음을 같이하여 솔로몬 행각에 모이고

성령이 살아 역사하는 교회 공동체의 중요한 특징 중 하나는

'믿는 사람이 다 마음을 같이하는 것'이다. 서로 친해지는 게 아니고, 내 안에 계신 성령님이 형제 안에 있는 성령님과 만나는 것이다. 같은 분을 섬기고 교제하기 때문에 하나가 될 수 있다.

아나니아와 삽비라 사건 이후에 많은 기적들이 일어나면서 성도들은 더 큰 영적 목마름과 열정으로 함께 모여 예배하기에 힘썼다. 억지로 동원된 것도 아니고, 누가 시킨 것도 아닌데 각자가 성령이 주신 목마름으로 모였다. 성령충만하면 예배를 향한 열정이 성도들에게 불일 듯 살아난다. 항상 교회에 오고 싶은 것이다.

솔로몬 행각은 당시 랍비들이 많은 사람들에게 가르쳐야 했을 때 주로 사용하던 장소로, 성전 내 동편에 위치해 있었다. 예루살렘 초대교회는 건물이 없었기 때문에 대형집회를 하려면 성전으로 와서 솔로몬 행각 앞으로 모여야 했다. 적게는 수백, 많게는 수천 명이 계속 모였으니, 성전 전체가 초대교회에 공짜로 장소를 임대해준 것과 마찬가지다. 자기 건물도 아닌데 당당하게 그곳에서 마음껏 하나님을 예배한 것이다.

우리 교회는 창립 이후 두 번이나 예배 장소를 옮겼다. 또 교회 사무실 공간과 예배 장소는 차로 5분은 가야 하는 거리에 떨어져 있다. 그러나 나와 교인들은 건물이 없다고 위축되지 않는다. 이 말씀을 보면서 더욱 용기를 얻었다. 초대교회도 자기 건물이 없을 때 오히려 영적으로 더 강했다.

13 그 나머지는 감히 그들과 상종하는 사람이 없으나 백성이 칭송하더라

'상종하는 사람이 없다'는 것은 감히 그 교회 공동체에 합류하지 못하는 사람이 있었다는 말이다. 교회는 누구나 올 수 있지만 아무나 올 수 있는 곳은 아니어야 한다. 복음은 모든 백성에게 다 선포되어야 하지만, 교회의 멤버십은 쉽게 주어지면 안 된다.

"아무나 해병이 될 수 있다면 나는 결코 해병이 되지 않았을 것이다"라는 구호를 나는 좋아한다. 해병 되기가 어렵기 때문에 해병대 프리미엄이 강한 것이다. 하버드가 하버드인 것은 아무나 들어갈 수 없기 때문이다. 누구든 막 갈 수 있다면 누가 알아주겠는가. 멤버십이 까다롭다는 것은 사람들이 그 조직을 인정한다는 증거다.

교회도 그렇다. 물론 교회는 세상적 성적이나 혈통, 재산, 인맥으로 멤버십을 쟁취하는 곳은 아니다. 그러나 그보다 훨씬 더한 기준을 통과해야 한다. 복음 앞에 분명히 회개하고, 예수 그리스도를 구주로 영접한 사람들, 주님 말씀대로 살겠다는 확실한 결단을 한 사람들이 모인 곳이어야 한다. 오늘날 우리는 너무나 저자세로 전도하는 경향이 있다. 겸손하게 사랑을 갖고 전도해야 하지만, 우리가 전하는 복음과 주님에 대해서 당당해질 필요가 있다. 교회의 영적 수준을 낮춰선 안 된다.

교회 공동체에 합류하지 못한 "그 나머지"는 누굴까에 대해 학자들의 의견이 분분하다. 아마도 먼저 사도들을 핍박했던 종교지도자들과 그 추종자들일 것이다. 또 눈에 보이는 기적을 부인할 수는 없지만, 그것이 자신에게 믿음의 결단으로 연결되지는 않는 사람들이다. 기적을 본다고 다 믿음이 생기는 건 아니다. 정말 믿음을 가질 수 있는 기회가 많았고, 전도를 받고, 기적을 체험했음에도 돌처럼 꿈쩍 않는 사람이 있다. 그런가 하면 어떤 사람은 작은 기적 하나를 통해서 하나님을 믿기로 결단하기도 한다. 기적을 통해서 주님을 아는 믿음이 생기는 것은 은혜요, 축복이다. 하나님께서 그를 택하셨다는 증거다.

믿음이 생겨 교회 공동체에 들어왔다는 것은 하버드에 합격한 것보다 더한 축복이요, 특권이다. 우리는 하나님께서 수많은 사람 가운데 복음의 초대장을 보내주시기로 선택하신 사람들이요, 그 초대장을 귀하게 여겨 믿음으로 결단한 사람들이다. 이렇게 제대로 된 믿음을 가진 사람들이 모인 곳이 바로 진정한 교회이다.

예루살렘 초대교회도 처음엔 믿는 사람과 믿지 않는 사람들, 적당히 믿는 사람과 잘 믿는 사람이 섞여 있었을 것이다. 오히려 적당히 믿는 사람들이 평소엔 더 큰소리치며 활동하고 다녔을지도 모른다. 그런 사람들이 여론을 조성하고, 분위기를 장악할 수도 있다. 그러나 아나니아와 삽비라 사건 같은 것이 터지면 확 달라진다. 이들을 보고 비슷한 부류의 사람들이 속으로 큰 충격을 받지 않았겠는가.

교회 모두가 큰 두려움에 휩싸였다고 했지만 진짜 충격을 받은 사람들은 적당히 믿으면서 설렁설렁 교회에 다니던 사람들이었을 것이다. 기적이 일어나고 분위기가 좋다니까, 사람들이 좋다고 하니까, 또 잘 믿는 배우자와 부부싸움 하기 싫어서 형식적으로 교회에 나오던 피상적인 믿음을 가진 사람들이 충격을 받았다. 똑같은 죄를 지었는데 아나니아와 삽비라가 대표로 죽었다. 아마 속으로는 마치 자기가 죽은 것 같았을 것이다.

교회 다니는 게 다가 아니라 제대로 다녀야 함을, 예수님을 믿는 척만 하지 말고 마음으로부터 제대로 믿어야 함을 깨달은 것이다. 그리고 하나님을 만만히 보고 함부로 방자하게 굴어선 안 된다는 것도 깨달은 것이다. 하나님께서는 우리의 마음에서부터 나오는 최고의 헌신과 사랑을 받기에 합당하신 분임을 알게 되었을 것이다.

그래서 "나머지는 감히 그들과 상종하는 사람이 없으나(더 이상 함께 모이지 못했다)"라는 말은 '어이쿠, 큰일 났구나. 감히 나 같은 사람은 명함도 내밀지 못할 곳이네' 하면서 떨어져나간 사람들이 많았다는 것이다. "나머지"에는 이런 사람들이 다 포함된다.

영적 군사로 살다

오래 전 새벽기도에 올 때, 깜박 잊고 자동차 헤드라이트를 켜지 않은 채로 운전한 적이 있다. 그런데 큰 대로에서는 내 차의 불이 꺼져 있었다는 것을 인식하지 못했다. 가로등불도 있고, 무엇보다 다른 차들의 불이 다 켜져 있었기 때문에 그 빛에 의지해 내 차의 불도 켜져 있겠거니 하고 다닌 것이다. 문제는 어둡고 좁은 작은 길로 들어서부터였다. 캄캄한 것이 뭔가 이상했다. 그제야 불이 꺼져 있는 것을 알았다.

신앙생활도 마찬가지다. 은혜롭게 찬양하는 사람들 속에 섞여 있으니까 그 사람들의 영성이 내 영성인 양 착각할 수가 있다. 함께 기도할 때 옆 사람들이 뜨겁게 기도하니까 나도 덩달아 신앙이 있는 것처럼 착각할 수 있다. 잘하는 성가대에 섞여 있으면 전체의 소리에 개인은 대충대충 묻어갈 수 있다. 그러나 하나씩 솔로를 시켜보면 실력이 다 들통난다.

각자 개인의 영성을 체크해보라. 신앙생활은 그 누구도 대신 살아줄 수 없다. 스스로 기도해야 하고 말씀을 먹어야 하고 은혜를 받아야 한다. '내가 만난 하나님'이 분명한 사람들이 모여야 진짜 역동적인 공동체가 된다.

아나니아와 삽비라 사건을 통해서 초대교회 내에 비상이 걸렸다. 다 각자의 영성 체크에 들어갔다. 하나님 앞에 각자 자신의 피상적인 믿음, 위선에 가득 찬 신앙생활을 회개하며 울부짖었을 것이다. 정 못 견디는 가짜들은 떠나고, 나머지 성도들은 그런 절절한 회개 과정을 통해서 진실한 성도들로 거듭났을 것이다.

믿음이 없거나 불확실하다면 처음부터 다시 시작하길 바란다. 자신의 믿음에 불이 켜져 있는지를 점검하라. 대충 훈련 받은 병사는 실전에 가면 당황한다. 영적 실력이 제대로 갖추어져 있지 않으면 진짜 위기에 부딪쳤을 때 당황하게 된다.

우리 교회의 교인되기가 어렵다고들 한다. 누구도 예외 없이 새 가족 5주 과정을 거쳐야 교인으로 등록받기 때문이다. 그 후에도 리더십 코스인 LCS(Life Coaching School) 프로그램은 8개월 동안 거의 해병대 수준의 훈련을 시킨다. 엄청난 양의 강의와 개인기도, 독서 숙제, 단기 선교 등을 다 하려면 모든 취미활동과 개인생활을 잠시 접어야 한다.

여기에 대한 각오가 불확실하거나, 사역을 하고 있지 않으면 불합격된다. "어떻게 교회에서 사람을 떨어뜨릴수가 있느냐?"라고 하는데, 교회이기 때문에 떨어뜨릴 수 있어야 한다. 하나님 앞에서 하기 때문에 오히려 수준을 높여야 한다고 믿는다. 그렇게 훈련 받고 나서도 안수집사나 권사님이 되려면 40일의 새벽기도와 독서 훈련, 사역 훈련을 거쳐야 한다.

매년 세워지는 안수집사, 권사님들은 이런 강한 훈련과정을 통과하고, 또 교회 각 부분의 사역에서 성실성을 인정받은 분들이다. 힘든 훈련을 다 마치고도 화요일 밤에 열리는 '바이블 아카데미'에 나와 눈을 반짝이며 또 훈련받는 분들이 있다. 나는 그 분들이 몹시 자랑스럽다. 3년간의 군대생활을 위해서도 6주 이상 훈련소에서 그토록 강한 훈련을 받고, 그 후에도 계속 훈련하는데 무서운 영적 전쟁터에 나가면서 어떻게 1년도 훈련을 안 받으려고 하는가!

　그러나 이제 시작에 불과하다. 강한 군대는 끊임없이 재교육을 받는다. 오히려 실전에 한 번 투입되어 본 군인들은 훈련의 중요함을 알고, 다음 훈련에는 정신을 바짝 차린다고 한다. 우리는 영적 전쟁의 최선봉에 서 있다. 긴장을 늦추지 말고, 끊임없이 영적으로 훈련받아야 한다. 처음엔 아무 생각 없이 시작한다 해도, 반드시 말씀과 기도로 무장한 강한 제자로 다듬어져가야 한다. 자칫 긴장을 늦추면 직분만 걸어놓고 영적 실력은 없는 사람이 되어 버리고, 사탄의 집중공격 대상이 된다.

　또한 13절에서 "백성"은 아직 불신자이긴 하지만 복음에 대해 호감을 갖고 있는 사람들을 말한다. "칭송"이라는 말의 의미는 '인정받았다, 존경받았다'라는 뜻이다. 단순히 병이 낫는 기적을 보았다고 해서, 불신자들이 교회 공동체를 존경하진 않았을 것이다. 그들이 교회를 인정하고 존경한 이유는 교인들의 평소 삶이 예수님의 향기를 풍겼기 때문이다.

교회 안에서 아무리 방언과 기도가 뜨겁고 예배가 은혜로워도, 실제 직장생활이나 아파트 부녀회에서 만났을 때 그 사람에게서 그리스도의 삶이 안 보이면 세상 사람들은 감동받지 않는다. 그런데 아나니아와 삽비라 사건 이후 교인들의 삶이 확연히 달라졌다. 성숙해지고, 진지해고, 겸손해졌다. 그것을 세상 사람들이 느끼기 시작한 것이다. 제자는 언제 어디에 있어도 제자 냄새가 나야 한다. 진짜 하나님의 사람은 직장에서나 가정에서나 예수의 향기를 풍길 것이다.

다이나믹한 양적 성장

14 믿고 주께로 나아오는 자가 더 많으니 남녀의 큰 무리더라

기적이 중요한 게 아니었다. 많은 "표적과 기사"는 믿음의 열매를 맺기 위한 도구에 불과했다. 하나님께서 진정으로 원하시는 것은 기적을 통해 사람들이 하나님을 믿고 돌아오는 것이었다. 단순히 교인으로 등록하는 숫자가 많아졌다고 하지 않고, "믿고 주께로 나아오는 자"라고 기록한 것에 주목하라. 제대로 복음을 영접하고 참된 믿음을 가진 사람들이 늘어나야 한다. 이것이 진정한

교회성장이다.

아나니아와 삽비라 사건으로 인해 교회가 위축되고 줄어들 것 같은데 전혀 그렇지 않았다. 영적 권위가 무섭게 서니까 적당히 믿던 많은 가짜들이 떠나거나 회개하기 시작했다. 오히려 더 많은 사람들이 몰려왔다. 제대로 복음 앞에 헌신하고 결단한 사람들로 교회가 채워지기 시작했다. 이처럼 질적으로 성장하면 양적 성장도 반드시 따라온다.

또한 누가는 처음으로 여자 성도들을 공식적으로 언급한다. 남존여비 사상이 철저했던 당시 문화를 생각하면 상당한 파격이다. 이처럼 성령의 시대는 성별, 인종, 재산의 차이 없이 주를 믿는 자들을 하나로 묶는 축복의 시대다.

"너희는 유대인이나 헬라인이나 종이나 자유인이나 남자나 여자나 다 그리스도 예수 안에서 하나이니라"(갈 3:28).

교회에 남자만 많아도 안 되고, 여자만 많아도 안 된다. 균형 있게 성장해야 한다. 성령께서 예루살렘 초대교회의 균형을 잡아 성장시켜 주셨다. 성령충만하고, 거룩과 능력으로 내실을 다진 교회는 자연스럽게 숫자가 늘어나게 되어 있다. 하나님께서 그런 교회로 사람들을 자꾸 보내주시기 때문이다. 한글성경에는 "믿고 주께로 나아오는 자가 더 많으니"라고 했지만, 영어성경에는 "갈수록 많은 사람들이 계속 그들에게 보내졌다"라고 되어 있다. 사람들이 스스로 모인 게 아니라 하나님께서 보내주셔서 모인 것이다.

우리가 제대로 하기만 하면 성장은 하나님께서 책임져주신다. 그렇기에 인간적 분석이나 논리만 가지고는 해석이 안 되는 것이 교회성장이다. 정말 외진 곳에 위치하여 교통도 안 좋고 장소도 불편하지만 수많은 사람들이 몰려가는 교회들을 몇 군데 알고 있다. 조건은 안 좋지만 말씀이 살아 있고, 거룩이 살아 있고, 영적인 능력이 충만하니까 하나님께서 사람들을 보내주신 것이다. 교회가 교회다움을 회복하면 하나님께서 보내주시는 사람들이 계속 몰려온다.

16 예루살렘 부근의 수많은 사람들도 모여 병든 사람과 더러운 귀신에게 괴로움 받는 사람을 데리고 와서 다 나음을 얻으니라

"다 나음을 얻으니라"라는 말이 내 눈길을 끌었다. 하나님의 파워! 그분이 해결하지 못하시는 일은 없다. 이 말은 문자 그대로 초대교회 내에 들어온 모든 병자들이 한 명의 예외도 없이 다 치유 받았음을 뜻한다. 능치 못하심이 없는 하나님의 능력이 당시 초대교회에 100퍼센트 풀어놓아진 것이다. 이런 초자연적인 기적과 축복의 이야기가 나오면, 항상 자기는 안 된다고, 자기만은 예외일 것이라고 부정적으로 생각하는 분들이 있다.

'기적은 딴 사람 애기야. 나는 안 돼. 내 문제는 너무 오래되었

고, 복잡해서 하나님도 관심 없으셔.'

당신의 문제가 어떤 것이든 '다 나음을 얻을 것이다'라고 믿으라. 기적을 항상 자신에게 끌어당겨라. 왜 치유 받는 사람들 안에 자신을 포함시킬 생각을 안 하는가. 부활하신 예수님의 능력이 온 몸에 임할 것을 믿으라. 의심치 않고 믿는 사람이 기적의 주인공이 된다.

THE AGE OF POWER

PART 02

그리스도의 용사로 서다

4 핍박당하는 사도들
행 5:17-32

5 저희를 무너뜨릴 수 없겠고
행 5:33-42

6 일곱 집사를 세우다
행 6:1-7

행 5:17-32

04 핍박당하는 사도들

시기심의 노예가 된 자들

축구경기를 보면, 전담수비수 몇 명이 거미같이 달라붙으며 집중 마크하는 공격수들이 있다. FC 바르셀로나의 메시나 레알 마드리드의 호날두 같은 스타들이 바로 그런 사람들이다. 왜 이들에게는 남들보다 몇 배나 되는 상대 수비수들의 견제가 붙을까? 그들이 그만큼 상대에게 두려움의 대상이기 때문이다. 이들에게는 언제라도 골을 터뜨릴 수 있는 엄청난 파워가 있기 때문이다. 영적 전쟁에서도 그렇다.

사탄이 집중적으로 핍박과 시련의 태클을 걸며 공격하는 사람이나 교회는 영적 대박을 터뜨릴 파괴력을 갖고 있는 것이다. 그러니 영적 공격이 심할수록 침체되는 것이 아니라 오히려 기쁘게 여겨야 한다.

'아, 내가 사탄이 이 정도로 두려워하는 사람이 됐구나. 하나님께서 나를 통해서 역사하시겠구나.'

성령의 교회, 부흥하는 교회가 가는 길에는 사탄의 수많은 태클과 견제가 들어온다. 이번 장에서는 부흥하는 예루살렘 초대교회에 들어오는 사탄의 강한 태클과 견제, 그럼에도 불구하고 결코 수그러들지 않는 초대교회의 영적 파워에 대해 알아보자.

지난 장에서 아나니아와 삽비라 사건 이후 정결해지고 단단해진 초대교회가 얼마나 놀랍게 부흥하는지를 보았다. 교회는 새롭게 전열을 재정비했다. 진짜 믿음을 가진 성도들로 폭발적으로 성장하기 시작했다. 그리고 수많은 병자들과 귀신들린 자들이 와서 치유를 받았다. 불신자들도 교회를 인정했고 존경했다. 그 영향력은 예루살렘 전체로 번져나갔다. 그러나 이 놀라운 하나님의 역사를 보고 마음이 언짢아진 사람들이 있었으니, 다름 아닌 대제사장과 종교지도자들이었다.

17 대제사장과 그와 함께 있는 사람 즉 사두개인의 당파가 다 마음에 시기가 가득하여 일어나서

이들은 "다 마음에 시기(질투하는 마음)가 가득하여"라고 했다.

겉으로 아무리 그럴듯한 논리로 위장하고 있어도, 그들 마음속의 근본적인 문제는 시기심이었다. 가인이 아벨을 죽인 것도 시기심 때문이었다. 사도들을 통해서 일어나는 기적들은 자신들은 한 번도 꿈꿔보지 못한 능력, 그 자체였다. 사도들의 메시지도 도저히 못 배운 촌사람이라고는 믿을 수 없을 정도로 파워풀했고, 이 때문에 수많은 사람들이 세례를 받고 초대교인들이 되었다.

종교지도자들은 명문가에서 태어나 혹독한 훈련을 받은 뒤 평생 성전에서 봉사했어도 별다른 인정을 받지 못했는데, 이 갈릴리 촌사람 출신의 사도들이 단 몇 주일 만에 예루살렘 전체의 시선을 사로잡아 버렸으니 어찌 심사가 뒤틀리지 않았겠는가.

시기심은 상대방의 파멸을 원한다. 처음엔 '내가 없는 것을 왜 저 사람은 갖고 있지?'라고 묻다가, 나중에는 '내가 없는 것은 저 사람도 없어야 한다'고 결론내고 어떻게든 상대를 무너뜨리려고 한다. 그런데 그 과정에서 자기 자신이 먼저 무너져간다는 사실을 사람들은 모른다. 사울은 어린 다윗을 질투하여 파괴시키려 하다가 자신이 먼저 죽었고, 가인도 아벨에 대한 질투로 그를 죽였다가 저주받아 쫓겨나고 만다. 시기심은 우리 영혼을 병들게 하는 치명적 바이러스다.

"시기와 다툼이 있는 곳에는 혼란과 모든 악한 일이 있음이라" (약 3:16).

특별히 본문에 나오는 종교지도자들은 사도들의 영적 능력과 영향력을 시기했다. 영적 지도자들도 시기심의 노예가 될 수 있다는 얘기다. 하나님의 일을 하면서도 늘 남과 비교하는 것이 우리의 모습이다. 이 종교지도자들이 제대로 된 하나님의 사람이었다면, 누가 사용되었든 하나님께서 불쌍한 사람들의 병을 고쳐주시고, 귀신을 쫓아내시며, 수많은 사람들이 회개하고 하나님께로 돌아오게 되었다는 사실 자체에 감격했어야 했다. 하나님께 영광을 돌리며 함께 기뻐했어야 했다.

그러나 하나님의 일을 하면서 어떻게든 자신들이 스타가 되어야 한다는 생각에 잔뜩 사로잡혀 있던 그들은 오히려 사도들의 위상이 높아지는 것에 대한 시기심만으로 가득 차게 된다. 그래서 앞뒤 가리지 않고 사도들을 잡아 감옥에 가둬버린 것이다.

목회자로서 나도 스스로를 돌아보게 된다. 목사들이 의외로 다른 목사들에 대해 칭찬을 잘 하지 않는다. 다른 목사의 설교를 듣고 은혜 받았다는 말에 기분 좋아하지 않는 고약한 습성이 있다. 그래서 늘 주님 앞에 우리의 시기심을 내려놓고 엎드려야 한다.

과연 나는 옆 교회가 우리 교회보다 더 빨리 부흥하고, 옆 교회 목사님 설교를 사람들이 칭찬할 때 함께 하나님께 영광을 돌리며 진심으로 기뻐할 수 있을까, 아니면 속으로 '난 더 잘 할 수 있는데, 저런 칭찬은 나에게 와야 하는데, 하나님께서 나를 통해서 일하셔야 하는데…'라고 생각할까?

하나님께서는 사도 바울에게 "내 은혜가 네게 족하도다"(고후 12:9)라고 하셨다. 하나님께서 주신 사랑은 질투하지 않는다. 열 손가락 깨물어 안 아픈 손가락 없다고, 하나님 아버지께 우리 한 사람 한 사람은 다 우주보다 귀한 존재들이다. 하나님께서는 각 사람을 다르게 사용하실 것이다. 그 하나님을 믿고, 모든 시기심으로부터 자유하길 바란다.

사도들과 함께하신 하나님

18 사도들을 잡아다가 옥에 가두었더니 **19** 주의 사자가 밤에 옥문을 열고 끌어내어 이르되

종교지도자들은 사도들을 잡아 옥에 가두었다. 이번에는 베드로와 요한뿐 아니라 열두 사도 모두가 체포되어 옥에 갇혔다. 감옥은 사람들이 제일 싫어하는 곳이다. 누가 자유를 잃고 그 어둡고 좁은 공간에 갇혀 있는 것을 좋아하겠는가. 그래서 세상 사람들은 감옥에 가는 것을 두려워한다. 그런데 정말 죄를 지어서 가는 사람도 많지만 억울하게 누명을 쓰고 가는 사람들도 많다. 열두 사도는 예수님의 일을 했다는 죄로 억울하게 잡혀간 것이다.

하나님의 일에 헌신하면 그 보상으로 당장 모든 일이 잘 풀려야 하는데 뜻밖에도 핍박과 고난에 처하게 되었다. 이럴 때 믿음의

사람도 시험에 들기 쉽다. 하지만 하나님의 사람은 하나님의 일을 하다가 받는 고난 때문에 시험들 것이 아니라 오히려 감사한 마음을 가져야 한다. 성경은 하나님의 일을 하다가 고난 받는 자에게 특별한 영적 기름부으심이 있다고 말한다.

"너희가 그리스도의 이름으로 치욕을 당하면 복 있는 자로다 영광의 영 곧 하나님의 영이 너희 위에 계심이라"(벧전 4:14).

그러나 하나님의 사자가 밤에 옥문을 열고 사도들을 구출해낸다. 하나님께서는 항상 정확한 순간에 우리의 삶에 개입하신다. 사도들이 체포되는 것 자체를 막으실 수도 있었고, 투옥되자마자 탈출시키실 수도 있었지만 기다리셨다가 밤에 옥문을 여셨다.

우리가 하나님의 일을 하다가 시련을 당할 때 하나님의 개입이 너무 느린 것처럼 여겨져 마음이 답답할 때가 있다. 마치 하나님께서 바쁘셔서 우리를 잊으신 듯한 느낌도 든다. 그러나 하나님께서는 결코 우리를 잊지 않으신다. 최선을 다해서 우리를 구하실 계획을 짜고 계신다. 그리고 느리지도, 빠르지도 않은 정확한 하나님의 때에 우리에게 오셔서 닫힌 옥문을 열어주신다.

20 가서 성전에 서서 이 생명의 말씀을 다 백성에게 말하라 하매 21 그들이 듣고 새벽에 성전에 들어가서 가르치더니 대제사장과 그와 함께 있는 사람들이 와서 공회와 이스라엘 족속의 원로들을 다 모으고 사람을 옥에 보내어 사도들을 잡아오라 하니

그런데 한밤중에 사도들을 감옥에서 빼낸 주의 천사는 "다들 고생 많이 했다. 이제 집에 가서 푹 쉬어라"라고 하지 않았다. 천사가 그들을 감옥에서 건져낸 것보다 더 중요한 것은 바로 사명이었다. 이때까지 해왔던 것처럼 생명의 말씀을 계속해서 가감 없이 백성들에게 선포하는 것, 바로 이 사명을 위해서 하나님께서는 그들을 감옥에서 빼내주셨던 것이다. 기적은 사람들에게 과시하기 위한 쇼가 아니다. 하나님의 기적은 사명을 위해서 주어지는 것이다. 하나님의 사람에게 있어서 기적은 사명으로 가기 위한 도구에 불과하다.

11년 전, 내가 탄 비행기가 포항공항에 내릴 때 동체가 두 개로 갈라지는 큰 사고가 났다. 그런데 나는 기적적으로 작은 부상만 입고 살아났다. 하나님께서 나를 왜 살려주셨겠는가? 열방의 백성들에게 복음을 전하라고 살려주신 것이다. 이 사명을 잊어버리면 기적의 의미가 없다. 하나님께서 왜 죽을 병에 걸린 당신을 살려주셨겠는가? 왜 그 위기로부터 당신의 사업을 지켜주셨겠는가? 우리는 인생의 위기에 부딪히면 이런 기도를 많이 한다.

"이 위기만 넘겨주시면 제 남은 생애를 몽땅 주께 드리겠습니다. 온전한 십일조를 드리고, 주님의 나라 위해 헌신하겠습니다."

그런데 막상 하나님께서 은혜를 베풀어주셔서 기적적으로 건강도 회복하고, 사업도 회복하면 언제 그런 기도를 했느냐는 듯 잊어버리고 일상으로 돌아간다. 그러나 사람은 잊어버려도 하나님은 잊어버리시지 않는다.

하나님께서 감옥에서 나오게 하실 때는 복음을 전하고 하나님의 일을 하며 살라는 목적이 있으셨다. 괜히 살려 주신 게 아니다. 나를 통해 주님이 살리시고 싶은 영혼들이 있으신 것이다. 사명이 없으면 기적도 없다.

사명을 따라 사는 삶

21 그들이 듣고 새벽에 성전에 들어가서 가르치더니 대제사장과 그와 함께 있는 사람들이 와서 공회와 이스라엘 족속의 원로들을 다 모으고 사람을 옥에 보내어 사도들을 잡아오라 하니

풀려나온 사도들은 즉시 하나님께서 주신 사명을 실천했다. 밤새 감옥에 갇혀 있어 피곤했을 텐데도 아랑곳하지 않았다. 바로 "새벽에 성전에 들어가서" 말씀을 선포하기 시작한다.

순종은 즉시 해야 한다. 시간을 두고 미루면 마음이 바뀌기 쉽다. 아브라함도 이삭을 바치라는 하나님의 명령을 듣고, 바로 그 다음날 새벽에 길을 떠났다. 여리고성을 일곱 바퀴 돌 때도 새벽부터 시작했다. 시간이 지나서 한낮이 되면 마음이 바뀔 가능성이 높다. 그러므로 하나님의 말씀이 떨어지면 지체 없이 순종하라.

사실 새벽에 성전에 들어가서 말씀을 선포한다는 것은 쉽지 않

은 일이다. 동트는 무렵에 성전에 사람이 있으면 얼마나 있겠는가. 그러나 사람들이 얼마나 되든 상관이 없었다. 하나님께서 성전에 가서 말씀을 선포하라고 하신 사실이 중요했다.

릭 워렌이 트위터에 쓴 글 중에 이런 것이 있었다.

"시인(詩人)을 가둘 수는 있어도 그의 시(詩)마저 가둘 수는 없다. 리더를 체포할 수는 있어도 그의 비전마저 체포할 수는 없다. 목사를 감옥에 가둘 수는 있어도 그의 메시지마저 가둘 수는 없다."

하나님의 종에게 있어서 설교는 목숨을 걸고 토해내는 하늘의 소리다. 아무리 아프고 힘들고 외로워도 하나님의 메시지를 받은 그대로 선포해야 하는 것이 목사의 사명이다. 나는 본문을 보면서 복음을 선포하는 사명이 얼마나 중요한 것인지를 다시금 깨닫는다. 미룰 수도 없고, 남에게 맡길 수도 없는, 하나님 보시기에 가장 긴급하고 가장 중요한 일이 내게 주신 말씀을 선포하는 것이다. 하나님께서 그 말씀을 통해서 죄인들이 회개하고 하나님께로 돌아오게 하시고, 어둠의 권세를 몰아내시며, 이 세상을 바꾸어 가시기 때문이다.

재미있는 것은 이 모든 상황이 진행되는 동안 종교지도자들은 아무것도 몰랐다는 것이다. 어둠의 역사를 사는 인간들은 하나님께서 어떻게 움직이시는지 전혀 모른다. 그러나 하나님의 사람은 다르다. 사도들은 하나님의 천사를 보았고, 체험했다. 그의 손에 이끌려 감옥에서 나왔다. 하나님의 사람은 세상 사람이 보지 못하는 하나님의 역사를 본다. 그리고 그 역사에 함께 참여한다. 그렇기 때문에 잠시 어렵고 힘든 상황에 처해도 결코 좌절하지 않는다.

종교지도자들은 사도들이 감옥에 갇혀 두려움에 떨며 아침을 기다릴 것이라고 믿었다. 그래서 다음날 아침, 공회가 소집되어 모든 지도자들이 모인 가운데 살벌한 분위기를 만들면 사도들도 두려움에 기가 죽을 것이라고 믿었다.

22 부하들이 가서 옥에서 사도들을 보지 못하고 돌아와 **23** 이르되 우리가 보니 옥은 든든하게 잠기고 지키는 사람들이 문에 서 있으되 문을 열고 본즉 그 안에는 한 사람도 없더이다 하니

그런데 감옥으로 사도들을 데리러 간 이들은 충격을 받았다. 분명히 감옥문은 단단히 잠겨져 있고, 그 앞에 경비병들까지 눈을 부릅뜨고 그대로 서 있는데, 정작 감옥 안에는 아무도 없었던 것이다. 탈옥을 했다면 굴을 팠거나, 감방 문을 부쉈거나, 경비병들을 쓰러뜨린 흔적이 있어야 하는데 모든 것이 그대로 있었고 사람만 연기처럼 없어진 것이다. 그것도 열두 명 모두! 이것은 시간과 공간을 초월하는 하나님의 천사가 초자연적인 방법으로 사도들을 끌어냈음을 뜻한다.

24 성전 맡은 자와 제사장들이 이 말을 듣고 의혹하여 이 일이 어찌 될까 하더니

종교지도자들은 이 기가 막힌 탈옥사건을 보고 받고 충격을 받아 혼란에 빠졌다. "의혹하여"란 말은 충격과 혼란에 빠져 도무지 이 상황을 해석할 수가 없었다는 뜻이다. 나름대로 산전수전 다 겪었다는 엘리트들인 그들도 도저히 이 엄청난 하나님의 기적을 이해할 수가 없었다.

이 세상에는 우리가 이해할 수 없는 일들이 있다는 것을 인정해야 한다. 믿음의 눈으로, 성령의 눈으로 보지 않으면 결코 이해할 수 없는 일들이 있다. 특히 하나님의 초차연적인 역사가 그렇다. 영적인 세계에서는 우리의 상식과 경험을 초월하는, 논리적으로 도저히 이해할 수 없는 일들이 일어난다. 하나님의 성령으로 충만한 사람만이 그 기적을 해석할 수 있다.

"사람의 일을 사람의 속에 있는 영 외에 누가 알리요 이와 같이 하나님의 일도 하나님의 영 외에는 아무도 알지 못하느니라"(고전 2:11).

하나님의 영으로 충만하지 않았던 종교지도자들은 기적을 이해하지 못하고 혼란에 빠졌던 것이다. 그들은 영적으로 무지하기만 한 것이 아니라 사람중심적이었다. 24절 후반부에 나타나는 이 황망한 탈옥 사태에 대한 반응에서 숨겨져 있던 그들의 핵심동기

가 나온다. 그들은 이 사건으로 인한 뜻하지 않은 파급효과를 걱정하기 시작했다. 사도들의 영적 영향력이 커져서 이를 막기 위해서 감옥에 가둔 것인데, 하나님의 초자연적인 역사로 감옥문이 열리면서 또 하나의 기적과 간증거리만 만들어준 셈이 되어버렸다. 이 소문이 퍼지면 사도들의 영향력은 더 커질 것이었다.

종교지도자들의 관심은 항상 사람들이 어떻게 생각할까였다. 하나님의 생각에는 관심이 없고 항상 사람들의 눈치만 살폈다. 사람을 두려워하는 이들의 가련한 모습은 사도들을 다시 체포해오는 26절의 모습 속에서도 여실히 드러난다.

26 성전 맡은 자가 부하들과 같이 가서 그들을 잡아왔으나 강제로 못함은 백성들이 돌로 칠까 두려워함이더라

종교지도자들의 부하들은 이미 기가 완전히 꺾여 있었다. 잡아오긴 잡아 왔어도 강제로 하지 못했다. 왜냐하면 백성들이 돌로 칠까 두려웠기 때문이다.

백성들은 사도들의 파워풀한 설교와 치유 사역으로 인해 그들을 존경하고 있었다. 그런 사람들을 아무 이유 없이 체포했다가 무슨 화를 당할지 알 수 없었다. 원래 명분이 없는 사람들은 당당하지 못한 법이다. 그래서 무엇이 옳은 일인가를 생각하는 것이 아니라 사람들이 어떻게 생각할까를 더 많이 생각한다.

거룩한 고난에는 뜻이 있다

²⁵ 사람이 와서 알리되 보소서 옥에 가두었던 사람들이 성전에 서서 백성을 가르치더이다 하니

사도들의 행방을 추적하기는 어렵지 않았다. 모든 사람이 볼 수 있는 성전에 서서 백성들에게 설교하고 있었기 때문이다. 하나님께서는 이 시점에 사도들이 종교지도자들을 피해서 숨기를 원치 않으셨다. 물론 하나님께서 다윗을 광야에서 사울로부터 숨기셨듯이 때에 따라서는 하나님의 사람을 피하게 하시고 숨게 하신다. 그러나 또 다른 상황에서는 바로 왕 앞에 당당하게 나아간 모세처럼, 서슬 퍼런 권력 앞에 하나님의 사람이 우뚝 서게끔 드러내시는 때가 있다. 지금이 그런 상황이다.

성령께서는 감옥에서 나온 사도들에게 새벽부터 모든 사람이 볼 수 있는 성전에서 당당히 복음을 전하라고 하셨다. 이로 인해 종교지도자들에게 다시 끌려갈 것을 아시면서도 말이다. 거기에는 깊은 뜻이 있었다. 하나님의 사람은 계속해서 새로운 방법으로 이끌어가시는 성령님의 인도에 순종하기만 하면 된다.

"그리스도를 위하여 너희에게 은혜를 주신 것은 다만 그를 믿을 뿐 아니라 또한 그를 위하여 고난도 받게 하려 하심이라"(빌 1:29).

'그를 위하여 고난을 받는다'는 말이 무슨 뜻인가? 고난을 통하

어 하나님의 영광을 더 높일 수 있는 계기가 된다는 뜻이다.

27 그들을 끌어다가 공회 앞에 세우니 대제사장이 물어 **28** 이르되 우리가 이 이름으로 사람을 가르치지 말라고 엄금하였으되 너희가 너희 가르침을 예루살렘에 가득하게 하니 이 사람의 피를 우리에게로 돌리고자 함이로다

종교지도자들은 인정하고 싶지 않았지만 철통같은 감옥에서 사도들이 감쪽같이 나갈 수 있었던 일에는 하나님의 역사가 있었음을 부인할 수 없었다. 그래서 오히려 감옥에 갇혔다가 나온 사도들을 심문할 때는 완전히 주도권이 사도들 쪽으로 넘어가 있었다. 오히려 사도들이 당당하게 종교지도자들의 죄를 꾸짖으며 복음을 선포할 수 있는 입장이 된 것이다. 하나님께서는 이렇게 놀랍게 역사하신다. 잠깐의 고난을 통하여 오히려 더 큰 영광을 받으시는 계기로 삼으신 것이다.

28절을 보면 대제사장은 사도들을 심문하면서 오히려 그들을 칭찬하는 말을 해버리고 만다. "너희가 너희 가르침을 예루살렘에 가득하게 하니." 즉 사도들이 복음을 파워풀하게 전해서 이 도시 전체에서 그들의 메시지를 모르는 사람이 없다는 것이다. 이때까지 항상 사도들의 영향력을 평가절하해 왔던 그들이 저도 모르게 사도들의 엄청난 영적 영향력을 인정해버린 셈이다.

오늘날의 한국교회가 "너희가 복음으로 서울 시내에 가득하게 하니" 아니, "한국을 복음으로 가득 채우게 하니"라는 평가를 받

으면 얼마나 좋을까. 더구나 우리를 핍박하는 자들로부터 이런 평가를 받을 수 있다면 얼마나 놀라운 일이겠는가!

증인된 삶

29 베드로와 사도들이 대답하여 이르되 사람보다 하나님께 순종하는 것이 마땅하니라

위기상황에 가면 그 사람의 실체가 드러난다. 본심에 있는 말, 그 사람을 끌고 가는 핵심 인생관이 터져 나온다. 사도들의 핵심 인생관은 '사람보다 하나님께 순종하는 것'이었다. 얼마나 분명하고 힘 있는 인생관인가.

우리는 세상을 살면서 얼마나 사람의 눈치를 많이 보고 살아가는가. 대통령, 고위 공직자들이 힘 있는 사람이라고 하지만 이들은 또 선거 때마다 말 한 마디도 실수하지 않으려고 하면서 얼마나 국민들의 눈치를 보는가. 그러나 하나님의 사람은 다르다. 우리는 세상에 살지만 세상 사람이 아니다. 세상 사람은 세상 법을 따르지만, 우리 안에는 하나님의 법이 있다. 세상 사람은 사람의 눈치를 보지만 우리는 오직 하나님의 눈치만 본다. 하나님께서는 하나님을 두려워하는 사람과 함께하시고 그들을 지켜주신다.

"너는 그들 때문에 두려워하지 말라 내가 너와 함께하여 너를 구원하리라 나 여호와의 말이니라 하시고"(렘 1:8).

그래서 베드로와 사도들은 당당하게 자신들의 이 인생관을 선포하기 시작한 것이다.

"우리한테 겁주려고 하지 말라. 우리는 세상을 두려워하지 않는다. 너희는 종교지도자들이라고 하지만 하나님이 아니라 세상을 두려워하며 살아가지 않느냐? 그런 너희를 우리가 어찌 두려워하겠느냐? 그러니 우리는 거리낌 없이 하나님께서 주신 메시지를 이 자리에서도 전할 것이다."

30 너희가 나무에 달아 죽인 예수를 우리 조상의 하나님이 살리시고 31 이스라엘에게 회개함과 죄 사함을 주시려고 그를 오른손으로 높이사 임금과 구주로 삼으셨느니라 32 우리는 이 일에 증인이요 하나님이 자기에게 순종하는 사람들에게 주신 성령도 그러하니라 하더라

곧바로 이어진 베드로의 메시지는 이때껏 그가 해오던 설교의 요지와 똑같았다. 첫째, 베드로는 십자가의 예수를 전했다. 둘째, 예수를 십자가에 못 박은 것이 다른 사람이 아닌 바로 그들임을 선포했다. 셋째, 부활의 예수님을 전했다.

정말 대단하지 않은가? 자신을 핍박하는 사람들, 자신을 감옥에 가두고 심문하는 사람들에게 베드로는 예수님을 전하고 있다. 원수에게 주는 최고의 선물은 예수 그리스도이시다. 19세기 말, 한국에 처음으로 온 개신교 선교사 토마스는 대동강변에서 성난

군중에게 죽임을 당했다. 그러나 죽으면서까지 자신을 죽이는 조선인 병사에게 성경책을 주고 축복했다. 나중에 그 병사와 조카가 개종하여 초기 한국교회의 큰 일꾼이 되었다.

베드로는 단순히 메시지만 전한 것이 아니다. "우리는 이 일에 증인"이라고 했다. 증인은 주위들은 사람이 아니라 직접 목격하고 체험한 사람이다.

"예수께서 십자가에 못 박혀 죽으신 것을 나는 증언할 수 있다. 그 십자가의 보혈을, 그 사랑을 체험했기 때문이다. 예수께서 다시 사신 것, 그분의 부활도 증언할 수 있다. 그 부활의 능력을 체험했기 때문이다."

더불어 베드로는 성령도 증인이시라고 말했다. 성령께서 살아 계신 예수님을 우리에게 계속 증거하신다는 것이다. 그 성령의 증거로 지금 우리는 예수님을 믿을 수 있다. 그 십자가와 부활이 믿어지는 것이다.

주님의 제자로 사탄이 권세 잡은 이 세상을 살아가는 것은 결코 쉬운 일이 아니다. 우리가 하나님의 사람으로 살려고 하면 할수록, 교회가 부흥하면 할수록 사탄이 앞세운 사람들이 우리를 핍박하고 어렵게 할 것이다. 우리가 갈 길은 외롭고 좁은 길, 십자가의 길이다. 영적 공격이 심하다는 것은 우리가 바른 길을 가고 있다는 뜻이다.

05 저희를 무너뜨릴 수 없겠고

행 5:33-42

예수님의 스토리

하버드 대학교의 조세프 나이(Joseph S. Nye) 교수는 세상에는 두 종류의 힘이 있다고 했다. 하드 파워, 즉 딱딱한 힘과 소프트 파워, 부드러운 힘이다. 예를 들면 미국의 하드 파워는 군사력이나 경제력으로 상대를 압도하는 것이다. 그러나 그것만 가지고는 상대를 마음으로부터 굴복시킬 수 없다. 하드 파워보다 더 중요한 것은 소프트 파워이다. 예를 들어 제3국의 엘리트들이 미국 대학에 와서 공부하며 미국적 가치관을 배워가지고 돌아가면 소프트 파워의 영향력을 받는 것이다. 조세프 나이 교수는 특히 요즘의 소프트 파워는 '스토리(story)'라고 했다.

첨단 IT기술인 인터넷, 휴대폰, 페이스북, 트위터 등을 통해 별 비용도 들지 않고, 순식간에 수많은 사람들에게 퍼질 수 있는 메시지의 힘. 이것 때문에 튀니지와 이집트를 비롯한 아프리카와 중동 국가의 독재정부들이 뿌리부터 흔들리고 있다. 중국이 미국의 항공모함보다 두려워하는 것도 민중에게 스토리가 퍼져서 민주주의를 달라고 봉기하는 것이다. 북한 같은 나라가 주민들에게 외부 정보가 알려지는 것을 필사적으로 통제하는 것도 그 때문이다.

교회도 마찬가지다. 교회는 하드 파워가 아니고 소프트 파워다. 교회의 힘은 예수님 스토리에 있다. 교회는 건물이나 조직이 아니다. 교회는 구원받은 하나님의 백성들이다. 그들을 변화시킨 엔진은 하나님의 말씀이다. 교회의 능력의 핵심은 복음의 메시지다. 이 메시지의 핵심은 예수 그리스도시다. 예수님의 십자가와 부활의 메시지이다. 인격자 예수, 도덕적 스승이신 예수가 아니라 하나님의 아들이시며, 우리 죄를 위해 십자가에서 돌아가시고 부활하신 구원자 예수 그리스도. 그분의 스토리가 교회를 움직이는 메시지의 핵심이다.

사도행전에는 계속해서 성령 이야기가 나오는데, 성령은 예수님의 영이다. 성령충만은 예수충만이다. 성령 받은 사람은 조금 누르기만 해도 예수님 이야기를 한다. 사도들이 바로 그랬다. 사도행전을 보면 사도들의 모든 설교는 예수님 이야기다. 사도 바울은 당시 가장 박식한 사람 중에 하나였지만, 자신은 "예수님 외에는 아무것도 알지 않기로 작정했다"라고 했다(고전 2:2 참조). 예수 그리스도만 사랑하고, 그분만 말하겠다는 것이다. 교회는 그래야 한다. 예수님 외에는 다른 깃발을 흔들지 말아야 하고, 다른 노래를 부르지 말아야 한다.

성령충만한 교회는 모이기만 하면 예수님 이야기를 하는 곳이다. 항상 예수님 이야기로 흥분하고 신나하는 곳이 진짜 교회다. 교회의 지도자, 영적 지도자의 가장 중요한 사명은 예수님의 스토리, 십자가 부활의 메시지를 전하는 것이다.

33 그들이 듣고 크게 노하여 사도들을 없이하고자 할새

종교지도자들은 사도들의 메시지를 듣고 격분했다. 나도 같은 설교자로서 이런 상황이 닥치면 정말 난감할 것 같다. 설교를 들은 사람들에게 설교가 "좋다, 싫다"라고 점잖게 평가받을 때도 마음이 쉽지 않은데, 듣는 사람들이 너무 화가 나서 설교자를 죽이려고 달려든다면 얼마나 당혹스럽겠는가. 딴 소리를 한 것도 아니고, 예수 그리스도의 십자가와 부활을 전했는데 종교지도자들은 왜 이렇게 격분했을까?

첫째, 자기는 의롭기 때문에 별로 회개할 것도 없고, 주님의 십자가 보혈도 필요 없다는 강퍅한 마음 때문이다.

"다만 네 고집과 회개하지 아니한 마음을 따라 진노의 날 곧 하나님의 의로우신 심판이 나타나는 그날에 임할 진노를 네게 쌓는도다"(롬 2:5).

둘째, 그들이 육에 속한 사람이었기 때문이다.

"육에 속한 사람은 하나님의 성령의 일들을 받지 아니하나니 이는 그것들이 그에게 어리석게 보임이요 또 그는 그것들을 알 수도 없나니 그러한 일은 영적으로 분별되기 때문이라"(고전 2:14).

아무리 교회에 출석하고, 종교적인 의식에 참석하고, 성경 지식이 좀 있다 해도 그 영혼 깊은 곳의 가치관이 세상적인 사람들은 성령의 일들을 받지 못한다.

셋째, 그들 뒤에 마귀가 있었기 때문이다. 화내는 정도가 아니라 죽이려 했다는 것은 그들 뒤에 마귀의 계략이 있었다는 것이다. 마귀는 미움의 영이며, 살인의 영이다. 마귀는 예수님의 일을 대적하고, 싫어한다. 예수님을 십자가에 못 박는 무리들을 선동했던 마귀가 예수님 메시지를 전하는 사도들을 죽이려고 하는 것이다.

그럼에도 불구하고 그들에게 소망이 없었던 것은 아니다. 조금 시간이 지나면, 이들 종교지도자들 중에도 상당수가 주님 앞으로 돌아오게 된다.

"하나님의 말씀이 점점 왕성하여 예루살렘에 있는 제자의 수가 더 심히 많아지고 허다한 제사장의 무리도 이 도에 복종하니라"
(행 6:7).

정말 놀라운 일 아닌가! "제사장의 무리"라 함은 예수님을 십자가에 못 박는데 앞장섰던 종교지도자들을 말한다. 그들이 단 몇 달 만에 예수님을 믿고 복음에 복종하게 된 것이다. 이런 맥락에서 나는 "예수님을 십자가에 못 박아 죽인 것은 유대인들이다. 그들은 그 죗값으로 2천년이 넘도록 세계를 떠돌면서 고난을 겪은 것이다"라는, 유럽 기독교가 오랫동안 고수해 온 편견에 문제가 있다고 생각한다.

물론 예수님을 올가미에 넣어서 로마 법정까지 끌고 간 종교지도자들이 있었고, 거기에 동조해서 예수님을 십자가에 못 박으라고 외친 수많은 군중들이 있었다. 그러나 그 후 몇 개월도 안 되어 오순절 성령 강림이 있었고, 그 뒤부터 예루살렘에서만 수만 명이 넘는 사람들이 회개하고 복음을 받아들였다. 가장 거칠었던 종교지도자들까지도 회개하고 예수님을 믿는 것을 볼 수 있지 않은가.

유대인들이 예수님을 십자가에 못 박아 죽인 것이 아니고, 우리 모두의 죄 때문에 주님이 돌아가신 것이다. 그리고 유대인도, 우리도 다 주님의 은혜로 구원받았고, 구원받을 죄인들인 것이다.

그러니까 지금 복음을 거부한다고 해서 그 사람이 가망 없다고 하지 말라. 나는 전도가 불가능하다는 이슬람교도들 중에도, 북한

과 중국의 공산간부들 안에도 하나님께서 구원하기로 작정하신 사람들이 있다고 믿는다. 그것을 믿기 때문에 우리는 땅끝까지 가서 포기하지 않고 전도하고 선교하는 것이다.

가말리엘의 개입

34 바리새인 가말리엘은 율법교사로 모든 백성에게 존경을 받는 자라 공회 중에 일어나 명하여 사도들을 잠깐 밖에 나가게 하고 **35** 말하되 이스라엘 사람들아 너희가 이 사람들에게 대하여 어떻게 하려는지 조심하라 **36** 이 전에 드다가 일어나 스스로 선전하매 사람이 약 사백 명이나 따르더니 그가 죽임을 당하매 따르던 모든 사람들이 흩어져 없어졌고 **37** 그 후 호적할 때에 갈릴리의 유다가 일어나 백성을 꾀어 따르게 하다가 그도 망한즉 따르던 모든 사람들이 흩어졌느니라 **38** 이제 내가 너희에게 말하노니 이 사람들을 상관하지 말고 버려두라 이 사상과 이 소행이 사람으로부터 났으면 무너질 것이요 **39** 만일 하나님께로부터 났으면 너희가 그들을 무너뜨릴 수 없겠고 도리어 하나님을 대적하는 자가 될까 하노라 하니

어떤 이야기를 하는 것 이상으로 중요한 것은 누가 그 말을 하느냐이다. 짧고 간단하게 말해도 비중 있는 인물의 입에서 나온 말은 모든 사람이 귀를 쫑긋하고 듣는다. 당시 유대 종교지도자들 사이에서 가말리엘이 바로 그런 인물이었다.

그는 '바리새인 율법교사'였다. 바리새인들은 어릴 때부터 성

경 경전 연구에 모든 시간과 에너지를 쓰는 사람들이었다. 그중에서도 가말리엘은 율법을 가르치는 선생님이었다. 그것도 당대 유다의 율법학파를 양분하던 두 세력 중 하나인 힐렐학파를 이끄는 대학자였다. 그는 사도 바울의 스승이기도 했다.

또한 그는 종파를 초월하여 '모든 백성에게 존경을 받는 사람'이었다. 바리새인이었던 그가 당파가 다른 사두개인들을 비롯한 모든 백성들의 존경을 받았다는 것은 가말리엘이 단순히 뛰어난 성경지식만 갖춘 게 아니라 고매한 인품과 지혜를 겸비한 인물이었음을 말해준다. 그래서 훗날 가말리엘이 죽었을 때 사람들은 "율법의 영광이 떠났고, 깨끗함과 거룩함이 죽었다"라면서 슬퍼했다. 그는 이 정도로 유대 사회 전체의 존경을 받는 어른이었다.

34절에서 당장이라도 사도들을 죽이려드는 종교지도자들이 냉정을 되찾도록 가라앉힌 이가 바로 가말리엘이었다. 잠시 사도들을 밖에 나가 있게 함으로 격앙된 분위기를 가라앉힌 노련하고 지혜로운 사람이다. 감정적으로 격해져 있는 상태에서 현명한 결정을 할 수 있는 사람은 거의 없다. 한 번 쉼표를 찍음으로 끓어오르는 증기를 좀 빼주고 다시 시작하는 것이 현명하다. 이것만 봐도 가말리엘이 왜 사람들의 존경을 받았는지 알 수 있다. 그는 감정에 흔들리지 않는 침착하고 지혜로운 인물이었던 것이다.

또한 가말리엘은 역사의식이 있는 사람이었다. 당장 눈앞에 닥친 상황만 보는 것이 아니라, 과거에 일어났던 비슷한 유형의 사건들과 유사한 패턴을 인식했다. 가말리엘이 언급한 드다와 유다의 사건은 모두 로마를 대항하여 일어났다가 결국 멸망한 사건들이다. 그들이 처음 일어날 당시 내세운 명분과 그들의 카리스마적 리더십에 매료되어 수백 명의 추종자들이 따랐고, 그 세가 대단해 보였다. 그러나 곧 망하여 쫓던 사람들이 다 흩어져 없어졌다. 그렇기에 가말리엘은 하나님께서 함께하시지 않는 집단 봉기 운동은 결국 아무 힘없이 망해버리고 말 것이라고 했다.

'추종자들이 모두 흩어져 없어졌다'라는 말을 두 번씩이나 반복한 것으로 보아 가말리엘은 종교지도자들이 가지고 있던 두려움의 핵심을 정확히 파악한 것 같다. 종교지도자들은 초대교회 사도들이 사람들에게 미치는 영적 영향력이 두려웠던 것이다. 그의 주장은 이것이다.

"지금 한참 세가 올라 있는 이 예수 운동을, 괜히 사도들을 죽이며 자극하면 벌집을 쑤셔놓는 꼴이 된다. 왜 이 일을 더 큰 문제로 만드느냐? 그냥 놔두면 자연히 사그라들 것이다."

38절과 39절의 가말리엘의 결론은 아주 중요한 말이다. 그중 "이 사상과 이 소행이 사람으로부터 났으면 무너질 것이요"에서의 "사상"은 목적을 말하고, "소행"은 하는 일들을 말한다. 보통 사람들은 눈에 보이는 일들만을 가지고 말하는데, 그는 먼저 그들의 목적과 소행을 말하고 있다. '무슨 일을 하는가' 이상으로 중요한 것은 '어떤 목적을 가지고 그 일을 하는가'이다. 겉으로 보기에는 좋은 일이지만 사특한 목적을 가지고 그 일을 하는 사람도 많기 때문이다. 예를 들어 미국의 마피아들은 매년 자선단체에 거액의 돈을 기부하고 그것을 대대적으로 광고한다. 자신들의 이미지를 좋게 포장하기 위해서다.

가말리엘은 사도들을 함부로 판단하고 돌을 던져선 안 된다고 한다. 왜냐하면 가만 놔둬도 사람으로부터 난 것이면 곧 망할 것이지만, 하나님께로부터 났다면 결코 무너뜨릴 수 없을 것이며, 오히려 하나님과 싸우는 격이 될 것이기 때문이다.

그의 말은 굉장히 설득력이 있지만, 사실 100퍼센트 옳은 것은 아니었다. 하나님으로부터 비롯되지 않은 인간적인 일들이라고 모두 단 시간 내에 망하지는 않기 때문이다. 영원의 관점에서 보면 결국 그렇게 되겠지만, 반드시 빠르게 파멸되는 것은 아니다. 진실하게 목회하는 하나님의 교회들은 어려움을 많이 겪는데, 통일교 같은 이단 세력들이 아주 빠르게 그 세력을 확장하는 경우도 있다. 추종자도 많아지고, 돈도 많아지면서 건물도 사고, 일도 많이 한다.

그렇다면 눈에 보이는 성공만으로 그 사역이 하나님께서 기름 부으신 것이라고 할 수 있겠는가. 사탄이 권세 잡은 세상이기에 교회를 무너뜨리기 위해 이상한 세력들이 일어나도록 사탄이 잠시 힘을 실어주는 경우가 있다(나는 이단들이 확장되는 이유를 그렇게 본다). 〈PD수첩〉 같은 프로그램에서 기성교회들의 비리를 고발하는 시리즈에 은근슬쩍 이단들을 끼워 넣음으로 기성교회들이나 이단들이나 모두 같은 기독교인 것처럼 몰아간다. 그러면 사람들이 기독교를 보는 눈이 어떻게 되겠는가. 참으로 통탄할 일이다.

또한 가말리엘은 역사적인 예를 들면서 예수님을 드다와 유다 같은 민란의 주모자들과 같은 반열로 격하시켜 버렸다. 그에게 있어서 예수님은 그저 또 하나의 극단적 유대주의자, 로마의 압제로부터 유다를 해방시키고자 하는 민란의 지도자였던 것이다. 드다와 유다는 우리나라 역사로 하면 임꺽정이나 장길산 같은 인물이라고 하겠는데, 이런 인물들을 예수 그리스도와 비교했으니 말도 안 되는 논리를 편 셈이다. 우리의 눈에 보기에 잠시 성공하고 실패한 것을 가지고 그 사역이 진정 하나님께서 인준하신 것인지를 판단하는 기준으로 삼을 수는 없다.

함부로 판단하지 말라

'함부로 다른 사람을 판단하지 말아야 한다'라는 가말리엘의 말은 믿음의 공동체 내에 적용해도 충분히 일리가 있는 말이다. 정말 우리는 함부로 사람 판단하는 것을 조심해야 한다. 특히 나와 생각과 방향이 다른 믿음의 형제나 교회, 단체 등을 판단할 때 더욱 그렇다. 지금은 안 그러지만 예전에 대학 캠퍼스에서는 CCC나 네비게이토 같은 선교단체들이 훈련방식과 교재, 사역 스타일을 가지고 서로 비난하고 정죄하는 일들이 많았다. 그런가 하면 기존 교회의 대학·청년부들은 캠퍼스 선교단체에서 활동하는 것을 극히 경계하고 비난하는 경우도 많았다.

세례를 주느냐, 침례를 주느냐의 문제로 장로교, 침례교회가 수백 년 동안 싸웠고, 신유의 은사나 방언하는 문제로 순복음교회와 기성 보수교단들이 날카롭게 대립했다. 우리가 싸워야 할 적은 서로가 아니라 사탄인데도 형제끼리 서로 판단하고 분열하는 경우가 많았다. 주님은 형제끼리 함부로 판단하거나 정죄하지 말라고 하셨다. 남을 판단하는 자는 먼저 자신의 눈 속에 있는 들보를 뽑아내라고 하셨다. 그리고 나서야 형제의 눈 속에 있는 티를 뽑아낼 수 있다는 것이다. 사도 바울은 말했다.

"그러므로 때가 이르기 전 곧 주께서 오시기까지 아무것도 판단하지 말라 그가 어둠에 감추인 것들을 드러내고 마음의 뜻을 나타내시리니 그때에 각 사람에게 하나님으로부터 칭찬이 있으리라"(고전 4:5).

바울의 말이 가말리엘의 주장과 다른 점이 무엇인가? 함부로 남을 판단하지 말아야 한다는 것까지는 같은데, 왜 그렇게 하느냐는 목적이 다르다. 가말리엘은 그냥 놔둬서 망하면 사람으로부터 비롯된 것이고, 성공하면 하나님으로부터 비롯된 것임을 인정해야 한다고 말한다. 그러나 바울은 하나님께서 하나님의 때에 판단하실 것이라고 한다. 눈에 보기에 성공하고 실패하고가 그것을 판단하는 기준이 아니라, 훗날 하나님의 평가가 판단 기준이 된다는 거다. 그러므로 그 신학과 교리가 명확히 이단으로 판정나지 않는 한, 우리는 서로의 다른 점을 포용하고 문제 삼지 말아야 한다. 시간이 지나면 정말 하나님께서 기름부으신 사역은 하나님의 판단이 증명해주실 것이다.

1970년대 척 스미스 목사가 이끄는 갈보리 채플이 캘리포니아의 히피 청년들을 적극적으로 전도할 때는 그들이 부르는 팝송 가락에 맞춰 복음성가를 부르고, 바닷가에서 즉각 세례를 주고, 히피 출신의 회심한 젊은 목회자가(자신도 히피처럼 머리를 길게 늘어뜨리고 찢어진 청바지를 입고) 그들 속에 섞여 아무데나 앉아 성경공부를 인도했다. 이런 모습을 보고 기절할 듯 놀란 기성교회들이 갈보리 채플을 이단으로 단죄하고 몰아붙인 때도 있었다. 그러나 세월이 가면서 하나님께서 점점 그 운동에 기름부으셔서 이제는 미국 전역에서 가장 급성장하는 건강한 교회들로 자리잡았다. 단순한 양적 성장이 아니었다. 갈보리 채플의 성경공부를 통해 삶이 변한 사람들이 많았다.

어떻게 보면 가말리엘은 종교지도자들과 사도들 사이에서 철저하게 중립을 지킨 셈이다. 종교지도자들처럼 대놓고 사도들을 핍박하지는 않았지만 자신이 복음을 영접한 것도 아니다. 결국 그는 아무 결정도 하지 않았으니, 중립이라고 말할 수도 있을 것이다. 그러나 영적인 세계에서는 결정하지 않은 것도 결정이다.

"나와 함께 아니하는 자는 나를 반대하는 자요 나와 함께 모으지 아니하는 자는 헤치는 자니라"(마 12:30).

가말리엘이 정말 사도들이 하나님으로부터 난 사람인지 아닌지를 알고자 했다면 그들을 방면하고 내버려두는 데 그칠 것이 아니라, 니고데모처럼 그들에게 찾아가서 복음의 에센스를 듣고 말씀을 깊이 묵상하며 고민했어야 했다. 그랬다면 그는 예수 그리스도만이 자신의 구원자이심을 알았을 것이고, 훗날 회심하는 자신의 수제자 사도 바울처럼 놀라운 초대교회의 지도자가 되었을지도 모른다. 그러나 그는 이 중요한 구원의 찬스를 놓쳐버렸다.

만일 사도들이 하나님으로부터 났다면 단순히 하나님을 대적하는 것이 무서워서 피할 것이 아니고, 그들이 전한 복음을 믿었어야 했다. 그런데 거기까지 가지 않겠다는 것은 인정은 하겠지만 무릎을 꿇지는 않겠다는 것이다. 많은 사람들이 기적을 보고 예수님의 능력은 인정하면서도 그분을 믿지는 않았던 것과 같다. 진짜 축복받은 사람은 예수님을 믿는 데까지 가는 사람, 영적으로 결론이 나는 사람이다.

그러나 가말리엘의 이런 모순에도 불구하고, 하나님께서는 그를 사용하셔서 사도들을 죽음에서 구원하셨다. 때로는 하나님께서 그분의 자녀가 아닌 세상의 권력자나 지혜로운 사람을 사용하셔서 교회를 지켜내시기도 한다.

그리스도의 용사들

40 그들이 옳게 여겨 사도들을 불러들여 채찍질하며 예수의 이름으로 말하는 것을 금하고 놓으니

바리새인들뿐 아니라 사두개인들도 가말리엘의 조언에 공감하며 이를 받아들였다. 그렇지만 상처받은 자존심 때문에 그냥 방면할 수는 없는지라 율법에 명시된 형벌인 39대의 채찍질을 사도들에게 가했다. 살가죽이 벗겨지고, 피가 튀는 잔인한 매질이다. 예수께서 십자가에 달리시기 전에 당했던 아주 가혹한 채찍질이다. 종교지도자라는 사람들이 이런 폭력을 휘둘렀다는 것은 이미 그들이 하나님의 영이 아닌, 세상의 영에 휘둘리고 있음을 의미했다.

기독교 역사 2천 년 동안에도 교회가 하나님의 이름으로 잔인한 폭력을 휘두른 경우가 많았다. 서로 신앙 노선이 다르다고 감옥에 가두고, 고문하고, 죽이는 경우들도 있었다. 칼빈도 종파가 다른 사람들을 처형한 적이 있다. 그러나 하나님은 사랑의 하나님

이시다. 어떤 경우에도 폭력을 휘둘러선 안 된다.

종교지도자들은 이때까지 해오던 것처럼 사도들이 더 이상 '예수의 이름으로 말하지 못하도록' 협박하고 나서야 그들을 풀어주었다. 그들은 예수님을 전하는 메시지의 파괴력을 알고 있었다. 아니, 그들을 뒤에서 움직이는 사탄의 권세가 복음의 파워를 알고 있었다. 사탄이 가장 두려워하는 것은 복음이다. 교회가 모여서 딴 얘기하면 사탄이 가만히 있는다. 그러나 모여서 예수님 이야기를 하고, 주위 사람들에게 복음을 전하기 시작하면 눈을 부릅뜨고 달려들기 시작한다. 극렬한 저항과 핍박이 있다는 것은 사탄이 그만큼 복음을 무서워한다는 뜻이다.

41 사도들은 그 이름을 위하여 능욕 받는 일에 합당한 자로 여기심을 기뻐하면서 공회 앞을 떠나니라

지난 장에도 언급했듯이, 운동경기 때 전담 마크맨이 붙고 상대의 집중수비가 붙는다는 것은 그 선수가 수준급임을 저쪽에서 인정한다는 얘기다. 영적 전쟁에서도 그렇다. 아무나 예수 이름으로 핍박받고 공격당하는 것이 아니다. 영적으로 어느 정도 수준이 되니까 어둠의 권세가 알아보고 긴장하며 달려드는 것이다.

"나로 말미암아 너희를 욕하고 박해하고 거짓으로 너희를 거슬러 모든 악한 말을 할 때에는 너희에게 복이 있나니 기뻐하고 즐거워하라 하늘에서 너희의 상이 큼이라 너희 전에 있던 선지자들

도 이같이 박해하였느니라"(마 5:11,12).

만약 박지성 선수가 상대팀으로 대시할 때 메시나 호날두, 루니를 막던 전담 마크맨들이 달려들면, '아, 내가 드디어 메시나 호날두 급으로 인정받는구나' 하고 뿌듯해할 것이다. 마찬가지로 우리가 하나님의 일을 하다가 예수님 때문에 핍박당할 때 기뻐하고 자랑스러워 해야할 것이다. 핍박이 세진다는 것은 우리의 수준도 점점 성장해간다는 의미이기 때문이다.

"사랑하는 자들아 너희를 연단하려고 오는 불 시험을 이상한 일 당하는 것같이 이상히 여기지 말고 오히려 너희가 그리스도의 고난에 참여하는 것으로 즐거워하라 이는 그의 영광을 나타내실 때에 너희로 즐거워하고 기뻐하게 하려 함이라"(벧전 4:12).

성령충만한 사람은 예수님 때문에 핍박을 당하면 당할수록 예수님을 더 깊이 느끼게 된다. 그러면 마음에 기쁨이 충만하게 된다. 예수님 때문에 칭찬받고 박수받을 때와는 전혀 다른, 오히려 더 깊고 충만한 하늘의 기쁨을 느끼게 된다. 지금도 이라크 같은 이슬람 국가에서는 크리스천들이 공공연하게 무슬림들로부터 테러를 당한다. 그런 지역의 크리스천들에게는 예수님을 믿는다는 것이 생명을 걸어야 하는 결단이다. 그러나 그들은 담대하다.

고난을 모르는 기독교, 핍박을 견뎌내지 않은 신앙은 오히려 경박해지기 쉽다. 복음 전하다가 감옥에 갇히고 채찍질 당하면서도 기뻐하는 사도들의 모습은 세상이 어쩌지 못하는 그리스도의 군대, 그리스도의 용사들의 모습이다.

쉬지 않고 전하다

42 그들이 날마다 성전에 있든지 집에 있든지 예수는 그리스도라고 가르치기와 전도하기를 그치지 아니하니라

풀려난 사도들은 즉시로 다시 복음 전하는 일에 들어갔다. 그들의 메시지는 심플했다. '예수님은 그리스도, 즉 예수님은 메시아이시며 구원자'라는 것이다. 처음부터 끝까지 그들의 메시지는 예수님이었다. 그들은 가르쳤고, 또 전도했다. 비슷한 말 같지만 그 의미는 다르다. 여기서 "전도"로 번역된 단어가 영어성경에서는 "proclamation", 즉 복음을 선포하는 것이다. 이에 비해 "가르치기"는 "teaching", 즉 선포된 복음이 정확히 어떤 내용인지 상세히 설명해주고, 그들의 삶에 적용해주는 것이다.

우리가 복음을 전할 때는 첫째, 선포와 가르침의 균형이 이뤄져야 한다. 아무리 친절히 설명하고 가르쳐도 안 되는 때가 있다. 인간적 이성과 논리로 설명하는 데 한계가 있기 때문이다. 그럴 때는 성령님의 힘을 의지하고, 확신을 가지고 선포하는 것이 필요하다. 믿으면 이해가 된다. 그러나 많은 경우, 정말 믿고 싶은데 몰라서 믿지 못하는 사람들을 위해서는 친절히 하나하나 복음의 진

리를 가르쳐주는 것도 필요하다. 믿으면 이해가 되는 경우가 있고, 어느 정도 가르침을 통해서 이해하면 믿게 되는 경우가 있다.

열두 사도는 선포와 가르침, 이 두 가지를 병행하며 복음을 전했다. 이들은 쉬지 않고 복음을 전했다. "그치지 아니하니라." 즉 밥 먹고 하는 일의 전부가 복음을 선포하고 가르치는 것이었다는 뜻이다. 또한 사도들은 "날마다" 복음을 전했다. 목회자로서 가장 행복한 일은 일주일 내내 말씀을 묵상하고, 공부하고, 선포할 수 있다는 것이다. 사람을 살리고 변화시키는 이 생명의 말씀을 평생토록 계속 전할 수 있다는 것이 얼마나 기쁜지 모른다. 그렇기에 나는 멈추지 않고 숨이 붙어 있는 날까지 이 일을 계속할 것이다.

사람이 의무감으로 하는 일이 있고, 자기가 좋아서 하는 일이 있다. 돈 받고 콜센터에서 일하는 아가씨는 의무감으로 전화를 받기 때문에 기계적이다. 예쁜 목소리로 공손하게 "사랑합니다, 고객님" 하는데 진실성이 없다. 근무시간만 일하고 퇴근해버린다. 그러나 사랑하는 사람과 통화하는 아가씨는 밤낮이 따로 없이, 시간가는 줄 모르고 전화한다. 정말 좋아서 하는 일은 말려도 소용없다. 정말 주님이 좋은 사람에게는 복음 전하는 일이 최고의 기쁨이다. 결코 말릴 수 없다.

우리의 평범한 삶 속에서도 복음 전파를 생활화해야 한다. 19세기의 유명한 전도자 무디는 매일 단 한 사람이라도 새로운 불신자를 만나서 복음을 전하게 해달라고 기도했고, 실제로 평생 그것을 실천하면서 살았다고 한다. 구도자들을 위한 목회로 유명한 빌 하이벨스 목사는 휘트니스클럽에서 운동하는 사람들에게 전도했는데, 몇 년을 주기로 휘트니스클럽을 바꾸어가며 새로운 사람들을 찾아 복음을 전했다고 한다. 일 년에 한두 번 특별 전도대각성집회 같은 것을 하는 것이 아니고, 일 년 내내 삶 속에서 틈만 나면 복음을 전하며 사는 것이다. 사도 바울이 말한 대로 '때를 얻든지 못 얻든지 말씀을 전하는 삶'이다.

장소도 상관하지 말아야 한다. 사도들은 '성전에 있든지 집에 있든지' 항상 복음을 전했다. 그것은 성전 안에도 복음을 전해야 할 사람들이 많았다는 이야기다. 오늘날의 교회 안에도 전도 대상자들이 많다. 실제로 복음을 이해하고 예수님을 구주로 영접한 사람들로 교회가 100퍼센트 차 있는 것이 아니기 때문이다.

사도들은 '집'에서도 복음을 전했다. 영어성경에는 '집집마다 다니면서 복음을 전했다'고 되어 있다. 예루살렘 초대교회는 교인 수가 만 명을 넘어갔지만 건물이 없었다. 소수의 인원들이 각자의 집에서 모이는 수많은 가정교회들로 이뤄져 있었다. 그래서 사도들이 이 가정교회들을 다니면서 새로 초대되어온 불신자들에게 복음을 전하고, 기존의 신자들도 가르쳤다. 우리가 꼭 배워야 할 능력 있는 삶이다. 교회 건물이 필요하지 않다는 이야기는 아니다. 그러나 살아 있는 말씀을 전하는 일이 꼭 교회 건물 안에만 국한되어선 안 된다. 집집마다로 번져나가야 한다.

몇 년 전, 나는 런던으로 가는 비행기 안에서 우리 교회에 다니던 스튜어디스 사무장을 만났다. 그 분의 안내로 비행기 뒤쪽 구석에서 다른 스튜어디스 대여섯 명과 함께 기도하고, 믿지 않는 동료에게 복음도 전하고, 말씀을 가르쳤다. 고도 1만 미터 상공, 시속 6백 킬로미터로 운항하는 비행기 안에서도 하나님께서 복음을 전하도록 인도하신 것이다. 내 생애에서 '가장 높은 곳에 있는 사람들'에게 한 설교였다.

이 세상에 교회는 많다. 그러나 예수님만을 전하고 가르치는 교회는 적다. 교회 다니는 사람은 많다. 그러나 진짜 말씀대로 살고, 자나 깨나 예수님을 전하며 사는 진짜 크리스천들은 적다. 아무쪼록 교회들이 항상 예수님만 생각하고, 예수님만 이야기하고, 예수님만 전하는 진짜 교회가 다 되기를 바란다. 주님 때문에 흥분하고 기뻐하며, 핍박받아도 기죽지 않고 오히려 더 부흥하는 그런 교회가 되기를 기도하자.

06 일곱 집사를 세우다

행 6:1-7

초대교회의 성장통

1 그때에 제자가 더 많아졌는데 헬라파 유대인들이 자기의 과부들이 매일의 구제에 빠지므로 히브리파 사람을 원망하니

'성장통(growing pain)'이라는 병에 대해서 들어본 적이 있는가? 무릎 주위의 힘줄이나 근육의 성장이 뼈의 성장 속도에 못 미쳐 근육이나 힘줄을 당김으로 통증이 발생한다. 만 7세 이전이나 사춘기 어린아이들에게 주로 발생하는데, 낮에는 괜찮다가 밤에 많이 아프다고 한다. 생명이 있기 때문에, 그 생명이 활발히 성장하고 있기 때문에 오는 어쩔 수 없는 아픔이 바로 성장통이다.

주님의 몸 된 교회도 이런 성장통을 겪는다. 예루살렘 초대교회

처럼 시작된 지 얼마 안 되어 폭발적으로 성장한 교회는 당연히 그렇다. 오순절 성령 강림 사건 때까지만 해도 120명에 불과하던 교회가 하룻밤 사이에 삼천 명, 오천 명, 만 명으로 늘어났으니 그 성장통이 얼마나 심했겠는가. 목회를 안 해 본 사람들은 외적인 성장만 보고 "와, 좋겠다. 급성장을 하니 얼마나 좋을까?" 하겠지만 교회를 이끌어나가야 하는 입장에서는 단시일 내의 **빠른 성장**이 가져오는 성장통이 결코 쉽지 않은 도전이다.

"그때에 제자가 더 많아졌는데." 영어성경에는 '제자들의 숫자가 **빠르게 성장했다**'고 되어 있다. 이렇게 수적으로 빨리 성장하게 되면 당장 피부로 느껴지는 문제는 첫째, 성도 한 사람 한 사람에 대한 개인적인 관심과 돌봄이 약해질 수밖에 없다는 것이다. 사람이 적을 때는 어느 집에서 누가 아프고 누가 결혼하는 것까지 다 아는 가족 같은 분위기였는데, 갑자기 새 가족들이 늘어나면서 복잡한 시장 같은 분위기로 변해가는 것이다. 교회 초창기의 오붓하고 따뜻한 분위기를 그리워하는 사람들, 상대적 소외감을 느끼는 사람들이 은연중에 늘어날 수밖에 없다.

항상 성장보다 분배가 더 어렵다. 당시 초대교회 내의 가난한 과부들과 빈민층들을 위해서 교회가 구제기금을 풀었던 것 같다. 영어성경에 보면 '음식을 분배했다'라고 되어 있으니, 교회 성도들이 직접 먹을 것을 기부하고 그것을 교회가 필요한 사람들에게 나눠준 것 같다. 그런데 이 과정에서 문제가 생겼다. 헬라파 과부들이 우선순위에서 밀려버린 것이다. 아마도 교회에서 구제와 봉사를 전담하는 사람들이 모두 히브리파 유대인들이 아니었나 싶다. 이로 인해, 히브리파에 비해 숫자가 작았던 헬라파 교인들이 이의를 제기하기 시작했다.

    드러난 문제는 불공평한 구제였지만, 그 저변에 깔린 더 깊은 원인은 당시 예루살렘 초대교회 내부에 있던 히브리파와 헬라파 유대인, 두 파벌간의 알력이었다. 물론 어느 쪽도 아닌, 아예 유대인이 아닌 이방인 성도들도 상당히 있었겠지만, 아직까지 헬라파나 히브리파에 비해 미비한 세력이었던 것 같다. 헬라파는 예루살렘 밖에서 온 유대인들, 즉 외국에 이민가서 살다가 돌아온 교포 출신 유대인들이고, 히브리파는 예루살렘 토종들이었다. 즉 헬라파는 굴러온 돌이고, 히브리파는 박힌 돌이라고 보면 된다. 당연히 히브리파 쪽이 압도적으로 숫자가 많았다.

    여기서 헬라파가 히브리파 사람들을 '원망했다'라고 했을 때, 이 동사는 드러내놓고 공개적으로 원망한다는 말이 아니다. '나지막하게 이야기하다', 즉 조용히 항의한 것을 말한다. 그리고 이들이 교회를 원망한 게 아니고, 히브리파 사람에게 원망했다는 사실을 주목하라. 그러나 문제는 교회 리더십이 풀어야 했다.

    우리 교회에도 교회 창립 때부터 있던 교인들(아무것도 없을 때 묵

묵히 희생하면서 교회를 출범시켰던 고마운 분들)이 있다. 그러나 새로 오는 교인들이 급속도로 늘어나면서 그들이 열심을 보이면, 창립 교인들은 자칫 뒤로 처지게 되는 일이 생긴다. 그러면 창립 교인들은 '우리도 왕년에 열심히 할 만큼 했다. 진짜 고생하면서 교회의 기반을 세웠으니, 모든 것이 어느 정도 갖추어진 다음에 온 너희들과는 다르다'라는 생각을 가질 수 있다. 그러면 새로 온 교인들은 '이 교회도 텃세가 세서 힘들구나'라고 생각할 수 있다. 목회자의 입장에서는 초창기 고생한 창립 교인들에게 항상 고마운 마음이 있어 그들을 배려하고 싶지만, 또 새로 오는 교인들이 소외감을 느끼지 않도록 품어야 하고, 그들이 섬길 수 있는 자리를 계속 만들어줘야 하는 어려움이 있다.

둘째, 사람은 늘었는데 그것을 받쳐줄 행정과 양육 시스템이 미처 준비가 되어있질 못해서 오는 패닉 상황이다. 우리 교회만 해도 평균 한 달에 50명에서 100명씩 등록하는데, 그들을 모두 공동체로 편입하고 순에 정착하게끔 하려면 한 달에 평균 4명에서 10명 이상의 새 순장이 생겨나야 한다. 그런데 순장이 자판기 커피 뽑듯이 태어나는 게 아니지 않는가. 시간을 두고 말씀과 기도로 만들어져야 하는데, 교회 역사가 짧다보니 준비된 순장들을 교회의 성장 속도에 맞게 세우는 일이 결코 녹록치 않다. 급증하는 주일학교와 중고등부 학생들을 위한 교사 공급도 수요보다 훨씬 모자란다. 그렇다고 리더가 준비될 때가지 기다리자니, 돌봄 받기를 기다리는 새 가족들의 불만이 커진다.

또 각 부서들을 짧은 시일 내에 세팅하고 자원봉사자들을 세워야 한다. 백 명 교인에서 천 명 교인 단위로 올라가면 전산시스템도 그에 걸맞게 완전히 업그레이드 되어야 한다. 행정과 양육 시스템도 아마추어가 아닌 프로의 전문성이 요구되는 단계에 온다. 초창기 개척 멤버들이 가족 같은 분위기에서 해오던 사역들이 이제 전문 스태프들의 손으로 넘어가면서 마음들이 섭섭해질 수밖에 없다. 그러나 그렇게 하지 않으면 안 된다.

급성장하는 교회의 목회자들은 당장 눈앞에 붙은 불들을 끄기 위해 달려들 수밖에 없다. 이러다보면 영적 지도자로서의 우선순위가 엇갈리는 상황이 발생하게 되는데, 교회가 세워질 때의 애초 목적과 비전은 뒤로 밀리고 현실적으로 교회를 운영하는 일이 더 급하게 취급된다. 목회자는 목회자대로 탈진되고, 교인들은 본의 아니게 서로 상처주고 상처받는 상황으로 몰린다. 예루살렘 초대교회가 바로 그런 상황이다.

본질로 돌아가라

2 열두 사도가 모든 제자를 불러 이르되 우리가 하나님의 말씀을 제쳐놓고 접대를 일삼는 것이 마땅하지 아니하니 … 4 우리는 오로지 기도하는 일

과 말씀 사역에 힘쓰리라 하니 **5** 온 무리가 이 말을 기뻐하여 믿음과 성령이 충만한 사람 스데반과 또 빌립과 브로고로와 니가노르와 디몬과 바메나와 유대교에 입교했던 안디옥 사람 니골라를 택하여

헬라파와 히브리파 사이에 싸움이 붙었는데, 사도들은 양쪽 리더들을 불러 야단을 치거나 화목하라고 권면하지 않았다. 이것은 겉으로 드러난 문제이지 문제의 뿌리가 아니었기 때문이다. 성령 충만한 사람은 어떤 문제가 터지면 눈에 보이는 현상이 아닌 그 문제의 근본 뿌리를 볼 줄 안다. 사도들은 이런 문제가 발생하게 된 것은 리더십의 문제, 영적 지도자인 자신들의 우선순위에 문제가 있었음을 직감했다.

교회의 구제와 봉사에서 헬라파 과부들을 제외시킨 사람은 다름 아닌 사도들이었다. 사도들 자신들이 히브리파 유대인들이었기 때문이다. 예루살렘 초대교회 교인 수는 몇 주 만에 만 명이 훨씬 넘었다. 누가 누군지 사도들이 다 알 리가 없었다. 구제해야 할 과부들의 숫자도 매우 많았고, 관리하고 분배해야 할 물품과 돈도 많았다. 요즘처럼 컴퓨터나 보관창고, 은행이 있는 것도 아닌데 갈릴리 시골 어부 출신들인 사도들이 얼마나 힘들었을까.

그러다보니 자기도 모르게 자신들과 같은 배경인 히브리파 과부들에게만 관심이 집중되어 해외파인 헬라인 과부들을 미처 생각하지 못한 것이다. 악의가 있어서 그랬다기보다 워낙 일이 많다

보니 평소 낯이 익고, 수가 많은 히브리파 과부들을 챙기기도 버거웠던 것이다. 그 와중에서 헬라파 유대인들이 이의를 제기하자 사도들은 즉시 히브리파에게만 관심을 가져온 자신들의 행위가 옳지 못함을 깨달았다.

여기에 자세한 설명은 없지만 헬라파 과부들에게 구제식량이 제대로 배급되지 못한 것에 대한 항의와 갈등상황이 적어도 며칠 아니 몇 주일은 갔을 거라고 생각된다. 그리고 이 사태에 대해 어떤 반응을 보이기 전에 사도들이 하나님 앞에 엎드려 기도하며 하나님의 뜻을 구했을 것이라 믿는다. 그렇지 않고서는 이런 놀라운 영적 해결책이 나올 수가 없기 때문이다.

부흥하는 교회도 여러 가지 문제에 부딪칠 수 있다. 그러나 그 문제는 오히려 더 교회를 강하게 하고 성숙하게 하려는 하나님의 기회일 수 있다. 그러므로 인간적으로 풀기 힘든 문제에 부딪치면 영적지도자들은 하나님 앞에 엎드려 기도해야 한다. 기도하는 자에게 하나님께서는 반드시 해결책을 주신다.

2절의 "접대를 일삼는 것"에서 "접대"란 음식 혹은 돈을 뜻한다. '일삼는다'의 헬라어 동사 '디아코네인(diakonein)'은 섬긴다는 뜻이다. 즉 접대를 일삼는다는 것은 식량 배급과 재정 배급으로 섬기는 것을 뜻한다. '사역(ministry)'이라는 말도 이 단어에서 나왔다. 2절의 "하나님의 말씀"이라고 번역된 표현도 원문을 풀면 '말씀으로 섬긴다', 즉 말씀 사역이라는 뜻이다.

사도들은 원래 기도와 말씀으로 성도들을 섬기는 사람들이었는데 기도와 말씀을 제쳐놓고 식량과 돈으로만 사람을 섬기려다 보니 헬라파 과부들을 섬김의 대상에서 제외시키는 잘못을 범하고 말았다. 자신들의 잘못을 깨달은 사도들은 자신들에게 주님이 주신 본연의 임무인 기도와 말씀으로 돌아가기 위해 식량과 금전으로 성도들을 섬기는 사람들을 따로 세우기로 결심한다. 다시 말해서 구제 행정 사역에서 말씀 사역으로 우선순위를 바꾼 것이다.

교회 내에 문제나 갈등이 생기면 제일 먼저 붙잡았던 목회의 본질로 돌아가는 것이 좋다. 목회의 본질은 말씀과 기도다. 우선순위가 잘못 세워져 있으면 빨리 수정해야 한다. 교회의 진정한 부흥은 목회자들이 말씀과 기도에 전무하는 데서 나온다. 그러나 많은 목회자들이 교회 행정이나 사역 뒷바라지에 세월을 다 보낸다. 그러면 시간이 갈수록 지치기만 하고 영적으로는 메말라간다. 그리고 교회도 쇠락하기 시작한다. 진정한 부흥은 목회자들이 말씀을 깊이 묵상하고 가르치며, 기도에 깊이 집중할 수 있을 때 온다.

"우리는 오로지 기도하는 일과 말씀 사역에 힘쓰리라."

이전에도 사도들은 기도와 말씀 사역을 했다. 그러나 교회의 행정과 사무가 바쁘다보니 이 일에 집중할 수 없었고, 최선을 다할 수 없었다. 교회는 목회자들이 말씀과 기도에 집중할 수 있도록 해줘야 영적으로 살아나게 된다.

사도들이 평신도 리더십을 뽑아 교회의 행정과 사무를 맡기고, 본인들은 말씀과 기도에 집중하겠다고 발표하자 "온 무리가 이 말을 기뻐했다"라고 했다. 성령이 인도하신 결정은 교회 공동체에게 기쁨과 감동을 준다. 교회 성도들은 사도들의 이런 결정을 기다리고 있었던 것이다. 나도 교회에서 어떤 것을 굉장히 많이 고민해서 발표하면 성도들은 이미 마음의 준비를 하고 있다가 박수치며 환영해주는 경우를 몇 번 체험했다. 성령의 인도하심에 목사가 제일 둔감했던 것이다.

지도자의 영적 기준

3 형제들아 너희 가운데서 성령과 지혜가 충만하여 칭찬 받는 사람 일곱을 택하라 우리가 이 일을 그들에게 맡기고 **4** 우리는 오로지 기도하는 일과 말씀 사역에 힘쓰리라 하니

사도들이 집사의 영적 기준을 제시하고 제자들이 뽑았다는 사실을 주목하라. 지도자는 함부로 세우면 안 된다. 확실한 영적 기준이 있어야 한다. 사도들이 세운 집사의 영적 기준을 보자.

첫째, 교회 리더는 밖에서 데려오는 게 아니다(3절). 예수님을 구주로 영접한 사람, 성령을 받은 믿음의 공동체 형제자매들 가운

데서 세우는 것이다.

　둘째, 믿음과 성령이 충만한 사람이어야 한다(5절). "깨끗한 양심에 믿음의 비밀을 가진 자"(딤전 3:9)라고도 했다. 집사는 영적으로 깊어야 한다. 디모데가 말하는 "믿음의 비밀"은 하나님께서 보통 사람들에겐 보여주시지 않는 하나님의 마음이다. 하나님과 깊이 교제하는 사람들에게 보여주시는 그분의 계획을 말한다. 집사는 섬기는 사람이지만 그 섬기는 힘은 영성에서 나온다. 그들의 사역은 하나님의 말씀과 은혜에 기초한 것이어야 한다. 그렇지 않으면 오래 가지 못한다.

　마리아가 옥합을 깨는 귀한 헌신을 할 수 있었던 것은 그녀가 항상 예수님의 발 앞에서 말씀을 듣는 예배자였기 때문이다. 예배가 뜨겁고 깊지 않으면 사역이 오래 가지 못한다. 사역의 힘은 예배에서 나온다. 그러므로 말씀과 기도 생활을 게을리해서는 안 된다. 디모데전서 말씀은 영어성경에 '믿음의 비밀을 꽉 붙잡고 있어야 한다'라고 되어 있다. 우리도 적극적으로, 열심을 내어 깊은 영성을 추구해야 할 일이다.

　셋째, 지혜가 충만한 사람이어야 한다(3절). 열정도 있고 믿음도 좋은데 지혜가 없는 사람이 있다. 그래서 할 말과 안 할말, 자기가 나서야 될 자리와 말아야 될 자리를 구별하지 못한다. 그런 사람의 성령충만과 열심은 교회에 덕이 되지 않는다. 오히려 사람들에게 상처를 주고 문제를 더 어렵게 만들어서 교회를 곤란하게 한다.

자기 것만 주장하지 않고, 남의 이야기를 경청해주는 사람이 지혜로운 사람이다. 문제를 지적하는 사람이 아니라 해결하는 사람이다. 문제 지적은 아무나 할 수 있다. 그러나 하늘의 지혜가 있는 사람은 조용히 그 문제를 해결한다. 자기가 대안이 되어서 문제를 없애는 사람이 진짜 지혜로운 사람이다.

"너희 중에 누구든지 지혜가 부족하거든 모든 사람에게 후히 주시고 꾸짖지 아니하시는 하나님께 구하라 그리하면 주시리라"(약 1:5).

특히 이 말씀의 앞뒤 맥락을 살펴보면 시험이 닥쳐올 때 지혜를 구하라고 나온다. 위기 상황에서 하나님의 지혜를 다운로드할 수 있는 사람이어야 한다는 말이다.

넷째, 공동체 내에서 칭찬받는 사람이어야 한다(3절). 이는 단순히 사람들에게 인기가 있다는 뜻만은 아니다. 바로 전에 언급된 '성령과 지혜가 충만함'의 기준에서 볼 때, 즉 성령과 지혜가 충만한 면에서 공동체 형제들의 칭찬과 인정을 받는 사람이어야 한다는 뜻이다. 또한 그들은 '정중했다'(딤전 3:8). 즉 그 말과 행동이 공동체의 존경을 받을 자격이 있었음을 뜻한다. 그들에게는 그만큼 주위 사람들이 인정하는 영적 권위가 있었다. 예수님을 닮은 인격으로 사람들의 부러움을 사는 사람들이었다.

초대교회 최초의 일곱 집사들은 공동체로부터 성령과 지혜의 사람, 경건한 사람들로 인정받은 인물들이었다. 다시 말해서 장기간에 걸쳐 공동체 리더십의 검증을 거친 사람들이었다는 얘기다. "이에 이 사람을 먼저 시험하여 보고"(딤전 3:10). 집사는 하루아침에 선택되는 것이 아니다. 교회의 시니어 목회자들과 평신도 리더들이 어느 정도 시간을 두고 그들의 삶과 사역을 지켜보아야 한다. 성경의 위대한 지도자들도 하나님께서 어느 정도 힘든 시간을 거치게 하면서 지켜보셨다. 이집트에서 노예로, 감옥의 죄수로 살아야 했던 요셉, 목동으로 열심히 살았던 다윗을 오랜 시간 지켜보셨다. 그런 후에 하나님의 큰일을 맡기셨다. 작은 일에 충성하는 자가 큰일에도 충성될 것이다.

또 억울하고 힘든 상황을 잘 겪어내야 한다. 옥합을 깬 마리아도 가룟 유다의 비난을 참아냈다. 하나님의 일을 성실히 하다보면 욕을 먹고 오해를 사기도 한다. 그렇다고 그만두면 안 된다. 예수님도 얼마나 억울한 욕을 많이 먹으며 견디셨는가.

다섯째, 팀워크를 잘할 수 있고, 융화력이 있는 사람이어야 한다. "일곱을 택하라." 7은 성경에서 완전 숫자다. 한 명의 집사가 아닌 여러 명을 택했다는 것은 하나님께서 팀 리더십을 원하셨다는 말이다. 일곱 집사는 함께 일해야 했다. 실력과 인품이 있어도 융화력이 없으면 지도자가 되기 어렵다. 혼자 일하지 않고 은사가 각기 다른 일곱이 같이 섬기고 도와주면서 협력하라는 것이다. 어떤 사람은 재능도 있고 열심도 있는데 독불장군이다. 내가 알아서 다 할 테니 간섭하지 말라고 한다. 열심은 좋으나 이런 사람은 다른 사람에게 상처를 준다. 교회 일은 혼자 하는 게 아니고 동역하는 것이다. 상대의 이야기를 들어줘야 하고, 기다려줘야 하고, 억울한 상황도 좀 참으면서 양보할 수 있어야 한다. 그래야 교회에 덕이 세워진다. 일을 이뤄내는 것 이상으로 중요한 것은 교회에 덕을 세우는 것이다.

특별히 지혜로운 자는 화해자이다. 대개 정의감이 지나친 사람들이 투쟁적이다. 그러나 아무리 좋은 의도라 해도 교회에서 자꾸 싸우려들면 안 된다. 그 어떤 이유에서건 하나님의 교회의 화목을 깨고, 파벌을 만들거나 분열을 조장해선 안 된다. 임직자는 화해자가 되어야 한다. 화해하게 하려면 하늘의 지혜가 필요하다.

특히 목회자와 팀워크를 이뤄 섬기는 사람이어야 한다. "우리가 이 일을 그들에게 맡기고." 여기서 "이 일"은 '접대를 일삼는 일', 즉 구제와 행정으로 섬기는 것을 뜻한다. '섬기는 자'라는 말이 헬라어로 '하인' 혹은 '종'을 말하는데, '집사(deacon)'란 말이 여기서 나왔다. 종처럼 섬기는 사람이란 뜻이다. 교회의 리더십은 군림하는 자가 아니라 종이 되고 하인이 되는 것이다. 우리의 주인이신 예수님 자신이 우리를 섬기러 오셨기 때문이다.

"인자가 온 것은 섬김을 받으려 함이 아니라 도리어 섬기려 하고 자기 목숨을 많은 사람의 대속물로 주려 함이니라"(마 20:28).

주님의 마음으로 형제자매를 섬기는 것이 곧 주님을 섬기는 일이다. 누군가를 섬기고 봉사하지 않는 사람은 자신을 섬겨주시는 주님과 깊은 교제를 나눌 수 없다. 반대로 형제자매를 잘 섬기는 사람은 자신을 섬겨주시는 주님과 깊은 교제에 들어가게 된다.

섬기는 것은 똑같은데 사도들(목회자들)과 집사들(평신도 리더들)의 섬김 분야가 다를 뿐이다. 원래 집사들은 교회에서 봉사와 행정적 책무를 맡기 위해 임명되었다(행 6:2). 목회자들이 기도와 말씀 전하는 일에 전무할 수 있도록 그 수고를 덜어주기 위함이었다. 그렇다고 집사들이 말씀 전하는 일을 전혀 안 했다는 것이 아니다. 스데반 집사는 그 어느 목회자 못지않은 파워풀한 설교를 한 뒤 순교를 당했다. 빌립 집사도 전도의 은사가 있어 사마리아 지방을 두루 다니면 전도했다.

집사와 목회자의 차이는 다만 그 사역의 핵심 포인트가 서로 달랐다는 것이다(집사: 봉사와 행정, 교역자: 기도와 말씀 전하는 일). 임직자는 계급이나 명예가 아니다. 집사와 권사들도 다양한 은사를 따라 섬기는 것이 합당하다.

헬라파 유대인 리더십

5 온 무리가 이 말을 기뻐하여 믿음과 성령이 충만한 사람 스데반과 또 빌립과 브로고로와 니가노르와 디몬과 바메나와 유대교에 입교했던 안디옥 사람 니골라를 택하여 **6** 사도들 앞에 세우니 사도들이 기도하고 그들에게 안수하니라

여기서 주목할 것은 교역자와 임직자의 영적 멘토 관계이다. 사도들, 즉 교역자들이 일곱 집사를 위해 기도하고 안수했다는 사실이 중요하다. 안수는 하나님께서 주신 영적 권위를 실어주는 것이다. 사람이 어떻게 사람을 알아 세우겠는가. 모든 육체를 아시는 하나님께서 세우셔야 한다. 그래서 사람을 세울 때 특별히 기도할 수밖에 없다.

세울 때만 기도하는 게 아니라 평생 임직자들을 위해 목회자는 중보기도할 것이다. 그리고 자신에게 주어진 사역을 잘 감당할 수 있도록 계속해서 말씀과 기도로 영적인 백업(back-up)을 해야 한다. 집사들도 교역자들을 영적 멘토로 알아서 귀히 여기고, 항상 기도를 부탁하고 믿음의 동역 관계를 유지할 일이다.

5절에는 교회 공동체가 선택한 일곱 집사의 이름들이 나온다. 스데반, 빌립, 브로고로, 니가노로, 디몬, 바메나, 니골라. 그런데 사도들이 제시한 영적 기준에 따라 교인들이 선출한 집사들 일곱 명이 예외 없이 헬라식 이름을 지니고 있다는 점을 주목하라. 미

국이나 영국으로 이민 간 교포들은 자녀들이 또 본인들이 현지에 잘 적응하기 위해 한국이름 외에도 영어이름을 만들어 한국성과 붙여서 쓴다(그래서 존 박, 수잔 최 같은 이름들이 있는 것이다).

2천 년 전 유대에서도 마찬가지였다. 해외에 살다가 들어온 헬라파 유대인들은 다 헬라식 이름을 갖고 있었다. 그런데 일곱 집사가 모두 이런 이름을 가졌다는 것은 헬라파 유대인만 집사로 선출되는 이변이 일어났음을 뜻한다. 엄청난 사건이다. 그것은 절대다수를 차지하고 있던 히브리파 유대인들이 표를 몰아주었기 때문에 가능한 일이었다. 인간 집단의 속성상으로는 불가능한 일이 성령의 공동체인 예루살렘 초대교회에 일어난 것이다.

이때부터 초대교회의 리더십을 스데반, 빌립 같은 헬라파 유대인들이 장악하게 되고, 그들은 땅끝까지 가서 복음을 전하라는 주님의 명령을 서슴지 않고 실천에 옮기게 된다. 사실 히브리파 유대인들은 선민의식이 강해서 다른 인종, 다른 민족을 포용하는 일을 못했다. 그러나 어렸을 때부터 외국에서 자라난 헬라파 유대인들은 자신들과 다른 사람과 섞여 살면서 그들의 언어와 습관을 포용하는 데 익숙해져 있었다. 그들은 히브리파 유대인들보다 체질적으로 훨씬 더 사고방식이 개방적이었고, 포용력이 넓었고, 도전정신이 강했다.

헬라파 유대인이기에 빌립 집사는 유대인들이 꺼려하는 사마리아까지도 들어가서 사역할 수 있었을 것이다. 땅끝까지 가서 복음을 전하라는 사도행전의 사명은 헬라파 유대인 크리스천들이 완성해갔던 것이다. 헬라파 유대인 리더십의 급부상과 초대교회의 세계복음화는 아주 긴밀한 함수관계를 이룬다.

그러나 그 저변에는 수적으로 절대 다수였음에도 불구하고 헬라파 유대인을 집사로 뽑아준 히브리파 유대인들의 희생적 결단이 있었다. 아무리 '성령과 지혜가 충만한 사람'이라는 객관적 기준이 있다지만 조금 모자라더라도 자기 파벌 사람을 밀어주고 싶지 않았을까. 그러나 히브리파 유대인 크리스천들은 인간적이고 정치적인 계산을 초월하여 영적으로 결정했다. 그리고 그 결단으로 인해 초대교회는 더욱 건강하게 성장할 수 있었다.

선민의식과 배타주의로 가득 찼던 당시 히브리파 유대인들이 어떻게 헬라파 유대인들을 교회 리더십으로 선출할 수 있었을까? 그것은 성령의 인도하심으로밖에 볼 수 없다. 그리고 그렇게 파격적으로 초대교회 리더십을 헬라파 유대인들에게 주었기에 세계복음화의 불길이 그토록 빠르게 번져갈 수 있었을 것이다.

왕성해지는 말씀

7 하나님의 말씀이 점점 왕성하여 예루살렘에 있는 제자의 수가 더 심히 많아지고 허다한 제사장의 무리도 이 도에 복종하니라

"하나님의 말씀이 점점 왕성하여"라는 말은 말씀이 힘 있게 퍼져나갔다는 뜻이다. 왜 말씀이 점점 왕성해졌을까? 사도들이 말씀과 기도에 집중하기 되었기 때문이다. 말씀은 물과 같아서 풍성하게 고이면 흘러넘치게 된다. 지혜와 성령이 충만한 집사들이 세워져서 교회의 행정과 구제 사역을 잘 감당해주고, 사도들이 말씀과 기도사역에 집중하니까 교회의 내실이 다져졌다. 그러니까 예배와 집회마다 은혜가 충만했다.

말씀이 부흥하니까 "예루살렘에 있는 제자의 수가 더 심히 많아"졌다고 했다. 원문 번역을 보면 '급속도로 성장했다'라고 한다. 말씀이 살아서 역사하면 수적 성장도 자연스럽게 따라온다. 교회는 질적으로 성장해야 하고, 그 결과로 양적으로도 성장해야 한다. 어느 한쪽을 택하고, 한쪽을 포기하는 게 아니라 양쪽이 같이 가는 것이다. 아이가 몸이 건강하면 자연스럽게 자라나게 되듯 교회가 질적으로 성장하면 양적 성장은 자연스럽게 따라온다. 사람이 사람을 끌어오고, 부흥은 또 다른 부흥으로 연결된다. 우리의 주님은 살아 계신 분이시다. 생명의 근원이시다. 그 살아 계신 주님과 교제한다면 우리는 성장할 수밖에 없다.

그 뿐이 아니었다. 그토록 교회를 핍박하던 제사장들 중에도 많은 수가 주님을 영접한다. 완고하고 적대적이던 그들이 부활하신 주님을 영접했다는 사실은 엄청난 상징적, 심리적 효과가 있었다.

이것은 초대교회 역사에 있어서 엄청난 돌파구가 아닐 수 없다.

얼마나 많은 사람들이 교회에 나왔느냐도 중요하지만 어떤 사람들이 믿었느냐도 중요하다. 인간적 판단으로는 도저히 불가능해 보이는 제사장 같은 엘리트 기득권층들이 그토록 많이 예수님을 믿었다는 것은 실로 놀라운 사건이 아닐 수 없다. 교회가 영적 실력을 갖추고 성실하게 부흥해가면 가장 힘든 마음의 장벽들도 다 무너지게 된다.

정말 하나님을 믿기 어려울 것 같은 부류의 사람들의 마음이 열려서 하나님을 믿게 된다면 얼마나 좋을까. "허다한 정치인들의 무리도 하나님께 복종하고, 허다한 경제인들의 무리도 하나님께 복종하고, 허다한 예술인들의 무리도 하나님께 복종하니라…." 나는 한국교회를 통해서 가장 하나님을 믿기 어려운 것 같았던 사람들이 허다하게 하나님께 돌아오게 되기를 기도한다.

복음이 살아 역사하고, 교회가 교회됨을 회복하게 되면 그 교회를 통해 기적 같은 부흥이 계속해서 일어난다.

"설교가 좋으면 교회가 부흥하고, 심방을 잘하면 교회에 사랑이 생기고, 훈련을 잘하면 교인들이 저력이 생기고, 행정을 잘하면 교회가 평안하다."

바로 예루살렘 초대교회를 두고 하는 말이었을 것이다.

THE AGE OF POWER

PART 03

성령과 믿음으로 살다

7 은혜와 권능이 충만한 사람
행 6:8-15

8 믿음의 조상들
행 7:1-16

9 네 발에서 신을 벗으라
행 7:17-36

10 증거의 장막
행 7:37-50

11 첫 순교자
행 7:51-8:3

행 6:8-15

07 은혜와 권능이 충만한 사람

교회성장의 두 측면

교회성장을 대하는 두 가지 극단적 접근이 있다. 하나는 교인수가 불어나는 성장을 절대시하는 접근이다. 많은 목회자, 평신도 지도자들이 어떤 방법을 쓰든 일단 수적으로 늘어야 교회가 힘이 생긴다는 생각을 갖고 있다. 전도도, 성경공부도, 양육훈련도, 주일학교도 다 교인을 한 명이라도 더 확보하기 위한 노력으로 본다. 목사가 양적인 성장에 관심이 없다면 거짓말일 것이다. 하지만 교인수와 건물 규모만을 가지고 하나님의 축복 여부를 판단하는 성장제일주의가 한국교회의 거품을 만든 것은 사실이다.

반대의 입장은 수적 성장을 아예 타락한 세상적 사고방식으로 치부해버린다. "숫자도 중요하나 질이 더 중요하지" 하면서 대형 교회는 개인을 향한 따뜻한 보살핌이 적다고 비난한다. 그러나 수가 적다고 교회가 따뜻하고 건강한 것은 아니다. 큰 호수에서는 별 것 아닌 흙탕물도 작은 개울에서는 심각한 문제가 될 수 있기 때문에 작은 교회에서 문제가 생기면 오히려 더 고통스럽다. 또한 의외로 이런 비난을 하는 분들의 교회가 질적으로 뛰어나기보다는 부정적이고 생기가 없는 경우도 많다.

예루살렘 초대교회는 양적인 성장과 질적인 성장, 양쪽 측면을 다 끌어안고 가는 모습을 보여준다. 가만히 보면 하나님께서 교회가 성장하면서 병들지 않도록 중간 중간에 위기와 어려움을 주시면서 교회를 다잡으셨던 것 같다. 아나니아와 삽비라가 죽고, 사도들이 종교지도자들에게 붙잡혀 투옥되고, 매를 맞으며 핍박당한 것도 그랬다. 히브리파와 헬라파 과부 구제 문제로 교회 내부에 분열이 일어날 뻔했던 위기도 그랬다. 당시는 힘들었겠지만 이 모두가 하나님께서 어린 예루살렘 초대교회를 건강하고 단단하게 만드시는 과정이었다. 그러고 나면 반드시 새로운 양적 부흥이 따라왔다.

하나님께서는 한 개인이나 교회를 상향 나선형 성장(upward spiral growth) 형태로 이끄신다. 드라이버를 이용해서 나사못을 박아보면 앞으로 들어가다가 뒤로 밀려나는 것 같을 때가 있다.

그러나 꾸준히 시계방향으로 돌리면 결국은 앞으로 간다. 교회가 성장할 때도 잠시 위기와 어려움을 만나 주춤하는 것 같은 때가 있지만 지나고 보면 열 보 전진을 위한 일 보 후퇴였던 것을 알 수 있다. 하나님께서는 결코 실수가 없으시다. 그러니까 포기하지 말고 새로운 위기에 담긴 하나님의 뜻을 읽으면서 회개할 것을 회개하고, 고칠 것을 고치며 성실히 전진하면 된다.

하나님께서 세우신 사람

8 스데반이 은혜와 권능이 충만하여 큰 기사와 표적을 민간에 행하니

지난 장에서 우리는 집사란 믿음와 성령이 충만한 사람, 지혜가 충만한 사람, 공동체의 존경을 받는 사람, 팀워크를 잘할 수 있는

사람이어야 함을 배웠다. 스데반은 이 기준으로 뽑힌 일곱 집사들 중에 제일 먼저 이름이 나온 사람이다. 성경에서는 이름이 나오는 순서가 중요하다. 가장 중요하고 영향력 있는 인물이 먼저 나온다. 열두 제자를 소개할 때도 베드로와 요한의 이름이 제일 먼저 나오듯이. 즉 스데반은 일곱 집사 중에서도 영성이나 지혜, 융화력, 영적 리더십이 가장 탁월한 사람이었다고 할 수 있다.

"은혜"란 원래 하나님께서 인간에게 베풀어주시는 사랑을 표현할 때 쓰는 말로서 사랑할 수 없는 사람을 사랑하고, 용서할 수 없는 사람을 용서하는 것이다. 사랑받을 만한 사람을 사랑하는 것은 누가 못하겠는가. 그러나 하나님께서는 "우리가 아직 죄인 되었을 때에" 우리를 사랑하셨다(롬 5:8). 그래서 위대하고 엄청난 것이다.

스데반에게 하나님의 그 은혜가 충만했다. 하나님의 사람은 하나님의 은혜가 충만한 사람이다. "은혜"는 히브리어로 '덮어준다'라는 뜻이다. 허물과 실수를 알지만 덮어주는 것이다. 예수께서 우리의 죄를 보혈로 덮어주셨듯이, 하얀 눈이 내리면 세상의 모든 더러움을 덮어버리듯이 은혜의 사람은 형제의 약점까지도 덮어주면서 사랑한다. 어미닭처럼 따뜻하게 품어준다. 영성도 있고 재주도 출중한 사람들 중에 항상 남의 잘못을 날카롭고 직선적으로 지적하는 사람들이 있다. 그러나 아무리 사실이라 해도 그렇게 하면 교회에 덕이 되지 못한다. 진리를 말해도 사랑 가운데 말해야 한다. 그래서 은혜의 사람은 용서의 사람인 것이다.

스데반은 하나님의 사랑으로 사람을 사랑하고 용서하는 사람이었다. 리더는 하나님의 사랑으로 사랑할 수 없는 사람도 품는 사람이다. 작은 모래알이 조개의 연한 살 속에 들어가면 찢어지듯이 아프다. 그러나 그 아픔을 참고 품으면 영롱한 진주가 된다. 영적 리더십이란 예수님의 마음으로 모래알처럼 따가운 사람도 품고 가는 것이다.

또한 영적 지도자에게는 영적 능력이 있어야 한다. 스데반은 목회자가 아니라 집사였지만 영적 능력이 충만했다. 믿는 자의 능력은 인간적인 능력이 아니다. 그 안에 있는 성령의 능력이다. 영적 능력이 충만하면 큰일도 쉽게 해낸다. 그러나 영적 능력이 없으면 작은 일에도 탈진하고 시험에 든다. 영적 능력이 넘쳐흐르고 폭발할 때 기적이 일어난다. 그래서 스데반이 "큰 기사와 표적"을 민간에 행할 수 있었던 것이다.

사역의 열매는 그 사람의 능력의 결과이다. 결코 우연이 아니다. 주께서도 그분을 따르는 우리에게 거룩한 능력을 부어주시고, 우리를 통하여 많은 기적들을 행하실 것을 약속하셨다.

"믿는 자들에게는 이런 표적이 따르리니 곧 그들이 내 이름으로 귀신을 쫓아내며 새 방언을 말하며 뱀을 집어올리며 무슨 독을 마실지라도 해를 받지 아니하며 병든 사람에게 손을 얹은즉 나으리라 하시더라"(막 16:17,18).

9 이른 바 자유민들 즉 구레네인, 알렉산드리아인, 길리기아와 아시아에서 온 사람들의 회당에서 어떤 자들이 일어나 스데반과 더불어 논쟁할새 **10** 스데반이 지혜와 성령으로 말함을 그들이 능히 당하지 못하여

스데반은 예루살렘 전역에 있는 여러 개의 회당에서 설교했다. 고향으로 돌아온 헬라파 유대인들은 그들의 통상적인 언어와 문화로 인해 함께 모여 예배를 드렸다. 각자 회당을 만들어 예배를 드렸는데, 그는 도시 곳곳을 여행하며 기회가 올 때마다 헬라파 유대인들에게 복음을 전파했다. 그 결과 적어도 네 개 지역에서 온 유대인들이(구레네인, 알렉산드리아인, 길리기아와 아시아에서 온 사람들) 그들의 회당에서 스데반과 논쟁에 들어갔다.

그러나 10절을 보면 아무도 스데반과의 논쟁에서 이길 수 없었다. 그에게 하나님의 지혜가 흘러넘쳤기 때문이다. 그의 안에는 성령께서 살아 역사하고 계셨다. 유대인들이 스데반에게 맞설 수 있었지만 스데반 안에 거하시고 그를 통해 말씀하시는 성령님을 당할 수는 없었다. 이것이 주께서 우리에게 약속하신 능력이다.

"내가 너희의 모든 대적이 능히 대항하거나 변박할 수 없는 구변과 지혜를 너희에게 주리라"(눅 21:15).

바벨론 왕궁에 노예로 끌려간 다니엘은 바벨론 토박이 엘리트 학자들, 어렸을 때부터 고급 과외만 받고 자란 그들과 겨루어서 밀리기는커녕 그 지혜가 열 배나 더했다고 했다. 인간적으로 봐선 불가능한 일이었다. 하나님의 성령이 주신 지혜는 그토록 탁월하다.

스데반에게는 복음의 능력이 있을 뿐 아니라 모든 이방 철학과 종교의 신봉자들과 논쟁할 수 있을 만한 지성이 있었다. 그는 당시 철학과 문화에 능통했으며, 7장 설교를 보면 구약성경에도 통달했음을 알 수 있다. 그런 사람에게 성령의 기름부으신 지혜까지 더해졌으니 누가 당할 수 있었겠는가! 바로 이런 사람이 초대교회 일곱 집사 중 하나였다. 한국교회에 이런 목사님과 집사님들이 많아져야 한다.

3·1운동 당시 33인의 민족 지도자들 중 절반이 크리스천들이었다. 당시는 기독교 인구가 전체 인구의 2퍼센트밖에 안 되던 시대였지만, 기독교는 암울한 시대에 민족을 일깨우고 지도하는 인물들을 많이 보유하고 있었다. 그런데 지금 한국교회는 외형적으로는 그때와 비교도 못할 정도로 커졌지만 민족의 정신을 이끌고 가는, 그런 무게 있는 인물들을 찾아보기가 어려워졌다. 교회뿐 아니라 일반 사회까지 감동시킬만한 인품과 지적 통찰력, 깊은 영성

을 가진 지도자들이 사라져간다. 참으로 가슴 아픈 일이다. 교회의 격이 더 높아져야 한다. 이는 교회 목회자들과 임직자들의 영적 수준에 달려있다.

영적 수준을 유지하기 위해서는 우리 모두가 끊임없이 기도하며 공부해야 한다. 스스로 목마름을 느끼고 계속해서 자신을 훈련시켜야 한다. 말씀을 공부하고, 좋은 신앙 서적들을 읽고, 좋은 믿음의 선배들과 사귀어야 한다. 철이 철을 날카롭게 하듯 우리는 서로의 영성을 성장시켜주는 자극제가 되어야 한다. 인물은 하늘에서 떨어지는 것이 아니다. 성령충만한 교회 공동체가 기도와 정성을 들여 한 명씩 만들어가는 것이다.

베드로를 비롯한 열두 사도들은 3년 동안 주님을 따라 다니면서 제자 훈련을 받고, 성령을 받은 사람들이다. 그러나 스데반은 달랐다. 그는 갈릴리 사람도 아니었고, 열두 제자 출신도 아니었다. 그는 오순절 성령 강림 사건 이후, 예루살렘 초대교회의 멤버가 된, 신앙경력이 얼마 되지 않는 사람이다. 그런데도 그 능력과 지혜와 설교가 결코 베드로에 뒤지지 않았다.

사람이 중요하다. 아무리 조직과 시스템이 좋더라도 사람이 잘못 서면 좋은 조직이 망가진다. 그러나 반대로 조직과 시스템이 부실해도 좋은 사람이 가면 기적을 이끌어낸다. 예수님은 공생애 3년의 엑기스를 열두 제자를 만드는 데 쏟아부으셨다. 책도 안 쓰시고, 건물도 안 지으셨다. 열두 제자만 남겨놓고 가셨다. 다른 대안도 없으셨다. 그들에게 모든 것을 거셨다. 결국 그들이 초대교회를 이끌었다. 주님은 열두 제자를 키우셨고, 그들의 영적 리더십을 통해 일곱 집사가 태어났다. 이처럼 영적 리더십은 계속 전염되는 것이다.

사람이 많다고 큰일을 해내는 게 아니다. 제대로 된 제자, 정예화 된 사람이라면 한 명만 있어도 역사가 변한다. 한 사람의 생각과 영향력이 중요하다. 예루살렘 초대교회에 만 명이 훨씬 넘는 성도들이 있었고, 여러 가지 일들이 많았을 텐데도 사도행전이 스데반 한 사람에게 집중하는 것을 보라. 그만큼 당시 초대교회에게 있어서 그의 역할이 중요했다는 거다.

6장 이전까지 초대교회의 탄생과 폭발적인 초기 성장기에는 베드로라는 사람의 역할이 중요했다. 그러나 6장부터는 스데반이 등장한다. 초대교회가 양적인 성장만이 아닌 또 다른 차원으로 성장하기 위해서는 그의 역할이 중요하다. 하나님께서는 때마다 꼭 필요한 사람을 세우시고 그를 통해 역사하신다.

대적들의 음모

11 사람들을 매수하여 말하게 하되 이 사람이 모세와 하나님을 모독하는 말을 하는 것을 우리가 들었노라 하게 하고 **12** 백성과 장로와 서기관들을 충

동시켜 와서 잡아가지고 공회에 이르러 13 거짓 증인들을 세우니 이르되 이 사람이 이 거룩한 곳과 율법을 거슬러 말하기를 마지 아니하는도다 14 그의 말에 이 나사렛 예수가 이곳을 헐고 또 모세가 우리에게 전하여 준 규례를 고치겠다 함을 우리가 들었노라 하거늘

정상적인 방법으로 스데반을 제압할 수 없게 된 그들은 악한 음모를 꾸몄다. 첫째, 그들은 사람들을 돈으로 매수하여 거짓 증인을 세웠다. 돈으로 사람을 매수하는 것과 거짓 증인을 세우는 일은 모세의 율법에 의하면 사형에 해당되는 큰 죄였다. 그런데 모세의 율법을 지킨다는 종교지도자들이 율법을 깨는 범죄를 자행하면서까지 스데반을 매장시키려 한 것이다. 마음에 악한 동기를 품었기 때문에 사탄이 그들의 영적분별력을 마비시킨 것이라고 밖에 볼 수 없다.

둘째, 11절을 보면 이들이 매수한 거짓 증인들은 스데반이 모세와 하나님을 모독했다고 모함했다. 신성모독죄로 판정되기만 하면 합법적으로 스데반을 제거할 수 있었기 때문이다.

14절에 "예수가 이곳(성전)을 헐고"라고 했는데, 예수님도 이 말씀 때문에 곤경을 당하셨다. 그러나 예수님의 말씀은 예루살렘 성전을 물리적으로 허무시겠다는 뜻이 아니라, 자신의 육체적 죽음과 부활을 말씀하신 것이었다. 이 말씀의 뜻을 이해한 스데반은 설교를 통해 그것을 이해시키려 했으나, 악한 무리들은 오히려 이

말로 트집을 잡고 있다.

"(율법의) 규례를 고치겠다." 주께서 헌 포도주와 새 포도주, 옛 계명과 새 계명을 말씀하셨고, 스데반은 이 주님의 말씀을 다시 한 번 전했을 것이다. 하지만 율법과 전통을 생명처럼 여긴 유대인들은 불쾌감을 느꼈을 것이다. 예수님은 율법을 없애겠다고 하신 것이 아니고, 율법을 완성시키러 오셨다고 했다. 사랑은 율법의 완성이기 때문이다. 그런데 스데반을 대적하는 무리들은 이 말 또한 트집을 잡아 공격하고 있다.

셋째, 스데반을 대적한 자들은 민심을 선동했다. 12절에 보니까 "백성과 장로와 서기관들을" 충동시켰다고 했다. 장로와 서기관들은 항상 초대교회를 핍박해왔으니 그렇다 치고, 스데반의 대적들이 어떻게 백성들까지 충동시킬 수 있었을까? 아마도 장삿속 때문이었을 것이다.

이스라엘뿐 아니라 전 세계에 흩어져 사는 유대인 남자들은 일 년에 적어도 세 번 예루살렘을 찾아와 예배를 드려야 했다. 매년 수백만에 달하는 유대인들이 각지에서 몰려와 예루살렘에 머물면서 쓰는 숙식비와 소나 양을 잡아 제사를 드리면서 쓰는 경비는 천문학적인 액수였다. 예루살렘 사람치고 이 덕에 먹고 살지 않는 사람이 거의 없다고 봐야 될 지경이었다. 그러니까 예수께서 성전을 헐어버릴 것이라고 스데반이 설교했다는 거짓 증인들의 모함에 예루살렘 백성들이 순식간에 넘어간 것이다. 성전이 없어지면 하루아침에 그들의 핵심 수입원이 사라질 테니까 말이다.

참으로 민심의 향방이란 어처구니없이 단순한 것이다. 사도들과 스데반이 많은 병자들을 고쳐주고, 교회가 가난한 자를 활발히 구제하며 부흥할 때는 백성들이 다 교회를 칭찬했었다. 그게 바로 얼마 전의 일이었다. 그들의 눈이 두려워서 종교지도자들이 사도들을 체포하고도 다시 석방해줄 수밖에 없는 지경이었다. 그런데 그 백성들이 하루아침에 스데반을 대적하는 자들에게 선동을 당한다. 돈 때문이었다. 모세의 율법 모독보다 더 그들을 자극한 것은 밥그릇 문제였다. 그게 인간이다.

오늘날에도 지방공항이 어느 도시로 유치되느냐, 과학벨트 신도시를 어느 지역으로 선정하는가 하는 문제에 대해서 사람들이 흥분하며 이마에 핏대를 세우는 이유는 지역끼리의 밥그릇 싸움 때문이다. 국가 백년대계나 글로벌 비전은 그럴듯한 포장일 뿐이고, 속내는 내 밥그릇은 어떤 일이 있어도 지켜야 한다는 것이다. 당시 예루살렘 사람들도 마찬가지였다. 성전이 없어진다는 것은 예민한 이슈였다. 감히 입에 올려서도 안 될 말이었다.

정권이 바뀌는 와중에서 전혀 사실이 아닌 혐의를 잔뜩 뒤집어 쓰고 감옥살이를 한 분의 사연을 들은 적이 있다. 분하고 억울해서 밤에 잠을 못 자서 화병에 걸리기도 하고, 날마다 복수를 결심하기도 했단다. 하지만 사실 우리가 억울하다고 생각하는 일에서도 10퍼센트 정도는 우리가 잘못한 것도 있기 마련이다. 100퍼센트 억울하게 당하셨던 분은 예수님밖에 없다. 스데반은 예수님 때문에 이토록 억울한 공격을 받고 있다. 거짓 증인들까지 앞세워 말도 안 되는 혐의들을 만들어 자기를 공격하는 사람들 앞에 선 스데반의 마음은 어떠했을까?

하늘의 영광으로 빛나는 얼굴

15 공회 중에 앉은 사람들이 다 스데반을 주목하여 보니 그 얼굴이 천사의 얼굴과 같더라

사실 논리 전개의 각도에서 보면 이 구절은 좀 생뚱맞은 느낌이 든다. 스데반이 이런저런 죄가 있다고 핏대를 세우는 적들의 주장이 나왔는데, 본문의 초점은 스데반의 얼굴이 천사의 얼굴과 같은 것으로 옮겨가 버린다. 논리적 흐름으로 봐서는 적의 주장에 대한 스데반의 답변이 바로 나와야 하지 않는가? 게다가 사도행전의 저자는 치밀한 역사학자인 누가인데, 왜 갑자기 흐름에 맞지 않는 이 내용을 기록했을까? 이런 뜻밖의 편집에는 영적 메시지가 담겨 있다. 하나님의 사람은 세상 속에 살지만 세상과 같은 레벨에서 진흙탕 싸움을 하는 사람이 아니라는 뜻이다.

스데반의 얼굴이 천사의 얼굴과 같았다는 말을 뒤집어 말하면

나머지 사람들의 얼굴은 악마와도 같았다는 말이다. 당연하다. 거짓 증인을 세우고, 형제를 모함하여 죽이려는 그들의 얼굴과 돈 때문에 이들에게 선동당한 군중의 얼굴은 정말 험악했을 것이다. 그러나 이 살벌한 환경 속에서도 스데반의 얼굴은 천사와 같았다. 그의 얼굴은 이 세상에 속한 사람의 얼굴이 아니라 천국에 속한 사람의 얼굴, 하늘나라를 바라보는 사람의 얼굴이었다. 스데반의 영은 그들과는 전혀 다른 수준에 있었기 때문이다.

시내산에서 하나님과 함께 40일을 있다가 내려온 모세의 얼굴이 매우 빛나서 사람들은 감히 그를 바라볼 수가 없었다. 스데반과 모세의 공통점은 하나님과 깊은 교제를 누렸다는 것이다. 그들은 하나님의 영으로 충만했다. 그래서 하나님의 영광이 얼굴에도 드러난 것이다. 스데반의 얼굴에서도 하늘의 영광이 빛났다. 그는 항상 하나님과 교제하는 사람이었고, 항상 하나님을 생각하며 사는 사람이었다. 마음에 하나님의 영이 가득했다. 마음에 가득한 것은 얼굴로 흘러나오게 마련이다.

링컨은 사람이 마흔이 되면 자기 얼굴에 책임을 질 줄 알아야 한다고 했다. 얼굴은 마음의 표현이기 때문이다. 내 마음에 더러움이 가득하면 아무리 잘생긴 외모라 해도 천사의 얼굴같이 빛나지는 않는다. 남을 증오하고 핍박하는 사람의 얼굴에선 살기가 느껴지고, 돈 생각만 하고 사는 사람의 얼굴에는 욕심이 가득하다. 누구와 사느냐, 무엇을 생각하고 사느냐에 따라서 얼굴이 달라진다.

"그러므로 너희가 그리스도와 함께 다시 살리심을 받았으면 위의 것을 찾으라 거기는 그리스도께서 하나님 우편에 앉아 계시느니라 위의 것을 생각하고 땅의 것을 생각하지 말라 이는 너희가 죽었고 너희 생명이 그리스도와 함께 하나님 안에 감추어졌음이라 우리 생명이신 그리스도께서 나타나실 그때에 너희도 그와 함께 영광 중에 나타나리라"(골 3:1-4).

몸은 이 땅에 살아도 우리는 하나님을 생각하고 살아야 한다. 찬송가 가사처럼 "괴롬과 죄가 있는 곳 나 비록 여기 살아도 빛나고 높은 저곳을 날마다 바라봅니다"라고 해야 되지 않겠는가. 우리는 하나님을 믿는다고 하면서도 너무나 열심히 세상을 바라보면서 살아가고 있다. 그러니까 예수 믿는 사람들의 얼굴에서도 하나님 영광이 잘 보이지 않고, 세상적인 이미지가 많이 풍긴다. 이 세상의 성공만 추구하지 말고 천국에서 받을 상급을 생각하며 살아야 한다. 그래야 우리가 하나님 모르는 세상 사람들과 조금이라도 다르지 않겠는가.

예수님을 바라보는 사람의 얼굴에서는 예수님의 향기가 흘러나온다. 그것은 우리 안에 성령이 계시기 때문이다.

"우리가 다 수건을 벗은 얼굴로 거울을 보는 것같이 주의 영광을 보매 그와 같은 형상으로 변화하여 영광에서 영광에 이르니 곧 주의 영으로 말미암음이니라"(고후 3:18).

스데반의 얼굴이 천사의 얼굴과 같았다는 것은 그 얼굴에 주님과 같은 용서의 마음이 담겨 있었다는 뜻이다. 자기를 십자가에 못 박는 사람들을 위해서도 기도하신 주님처럼 스데반도 아귀처럼 자신을 공격하는 사람들을 용서했을 것이다. 그러니까 그 사나운 상황에서 천사의 얼굴을 할 수 있었던 것이다. 다음 장 마지막에서 스데반은 결국 이 사람들에게 돌을 맞고 순교하게 되는데 죽어가면서도 그는 그들을 용서해 달라고 기도했다.

8절에서 스데반이 '은혜 충만한 사람'이었다는 것을 배웠다. 은혜는 덮어주는 것이며 용서하는 것이다. 스데반의 모습을 보면서 작은 일에도 서로를 용서하지 못하고, 섭섭해하고, 오해하고, 싸우는 오늘날 교회의 모습이 너무나 부끄럽다.

그의 얼굴이 천사의 얼굴과 같았다고 해서 결코 나약한 모습이었다는 이야기는 아니다. 천사의 얼굴은 아름답기만 한 얼굴이 아니다. 천사는 하나님의 뜻을 행하는 심부름꾼이다. 어떤 대가를 치르고라도 하나님께서 주신 사명을 실행하고 말겠다는 결연한 의지가 담긴 얼굴이다. 상황에 휘둘리지 않고 사람을 두려워하지 않는, 어둠의 세력이 결코 함부로 흔들 수 없는, 거룩한 하나님의 전사의 모습이다.

다음 장부터 다루게 되겠지만 스데반은 그 살벌한 상황에서 바로 설교를 시작한다. 그것도 보통 설교가 아니라 구약성경 전체를 조명하며 살아 계신 예수님을 입증하는 엄청난 설교였다. 성령께서 그대로 부어주신 말씀이었다. 그가 복음과 하나님나라를 위해 죽을 각오를 하고 말씀을 전한 것이다. 이런 각오가 있었기 때문에 아귀같이 달려드는 사람들 앞에서도 그는 흔들리지 않았다. 그리고 그 설교로 인해 결국 순교를 당하게 된다.

오늘날 한국교회가 직면하고 있는 여러 가지 위기를 어떻게 타파할 것인가? 우리를 질타하는 세상 사람들 앞에서 어떻게 반응할 것인가? 변명하고 도망갈 것인가 아니면 같이 핏대를 올리고 맞서 싸울 것인가? 둘 다 아니다. 죽을 각오를 하자. 예수님 때문에 욕을 먹고, 핍박당할 각오를 하자. 주님은 우리를 위해 십자가를 지셨는데 우리는 그 십자가를 지기 싫어서 자꾸 도망을 가니까 상황이 더 힘들어진다. 스데반처럼 주님을 위해 죽을 각오를 하고 도망가지 말자. 우리가 처한 자리에서 우뚝 서자.

행 7:1-16

08 믿음의 조상들

지혜로운 스데반의 설교

참으로 당혹스러운 위기가 닥쳤다. 돈으로 거짓 증인들을 매수하고 백성들까지 선동해서 스데반을 몰아세운 사람들. 내가 스데반의 입장이었다면 정말 당황하고, 억울하고, 화가 나면서도 도대체 이 난관을 어떻게 뚫고 나갈까 난감했을 것이다. 예기치 못했던 위기 상황에서 어떻게 반응하는가는 평소 나의 영적 수준을 보여준다. 스데반은 이 위기를 오히려 설교의 기회로 삼았다.

또한 스데반은 사람들에게 "여러분 부형(父兄)들이여"라는 말로 시작한다. 자기를 모함하고 죽이려고 달려온 사람들을 향하여 스데반은 "내 형제요 부모님 같은 여러분"이라고 불렀다. 죄는 미워

해도 죄인을 미워해선 안 된다. 복음을 전할 때는 청중을 사랑해야 한다. 비록 그 청중이 내게 악감정을 갖고 있다고 해도 말이다.

스데반의 대적들은 스데반이 예수님처럼 모세의 율법을 폐하려 한다고 몰아세웠다. 그런데 스데반은 모세보다 훨씬 더 거슬러 올라가서 아브라함부터 시작했다. 그는 모든 유대인들이 자신들의 믿음의 조상이라고 믿는 아브라함, 율법이 생기기 훨씬 전부터 있었던 아브라함을 설교의 스타팅 포인트로 잡았다. 아마 스데반의 대적들은 매우 당황했을 것이다.

설교자는 자기가 설교할 대상을 잘 알아야 한다. 바울이 그리스 아테네에서 설교할 때는 그 지역에 만연했던 헬라의 신들로부터 설교의 스타팅 포인트를 잡았다. 그러나 스데반이 유대인 청중을 대상으로 할 때는 그들에게 가장 친숙하고 그들이 가장 존경하는 믿음의 조상 아브라함으로 시작한다. 똑같은 진리를 전하지만 특정 청중과의 접촉점은 상황과 대상에 따라서 바꿔야 한다.

떠나는 믿음

1 대제사장이 이르되 이것이 사실이냐 **2** 스데반이 이르되 여러분 부형들이여 들으소서 우리 조상 아브라함이 하란에 있기 전 메소보다미아에 있을 때에 영광의 하나님이 그에게 보여

스토리의 주인공이 아브라함인 것 같지만, 실은 하나님이시다.

내 인생을 내가 사는 것 같지만 실은 하나님께서 내 인생을 이끄시는 것이다. 아브라함은 하나님께서 그를 부르시기 전까지 완전히 무명이었다. 그리고 하나님께서 부르시지 않았다면 그렇게 이름 없는 존재로 살다가 사라졌을 것이다. 그러나 하나님께서 그를 불러주신 순간부터 그의 인생에 방향과 꿈과 내용이 생겼다. 인생은 그냥 두면 텅 빈 백지와도 같다. 거기에 그림을 그려넣으시고, 콘텐츠를 채우시는 분은 하나님이시다.

그 하나님은 "영광"의 하나님이시다. 우리보다 조금 뛰어난 도인 같은 분이 아니라, 하늘이 땅보다 높음같이 우리와는 차원이 다른 분이 하나님이시다. "영광"은 인간을 설명할 때 쓰는 단어가 아니다. 오직 하나님을 설명하는 단어이다. 영광의 하나님을 말할 때 우리는 우리와 전혀 차원이 다른 하나님의 인품, 그분의 생각과 능력을 기대하고 선포하는 것이다.

아브라함처럼 재력도 있고, 단단한 기반도 가진 유지가 모든 것을 정리하고 가족들과 함께 이민을 결심하는 것은 쉬운 일이 아니었을 것이다. 그것은 아브라함이 영광의 하나님을 만났기에 가능한 일이었다. 그 하나님의 모습이 아브라함을 압도했다. 그는 이때껏 그의 조상들이 섬겨오던 갈대아 우르의 우상 신들이 얼마나 허무한 존재들인지를 비로소 깨닫게 된다. 살아 계신 하나님을 만난 사람이 어찌 죽은 우상들에게 집착하겠는가. 하나님을 제대로 체험하면 엄청나 보이는 헌신도 갈등 없이 하게 된다.

3 이르시되 네 고향과 친척을 떠나 내가 네게 보일 땅으로 가라 하시니

하나님께서 우리 인생을 바꾸시는 놀라운 계획의 시작은 '떠나는 것'이다. 아브라함은 고향인 갈대아 우르에서 사회적, 경제적으로 괜찮게 살았다. 그러나 겉모양만 그랬을 뿐 그의 인생은 그렇지 못했다. 당시 중동에서는 자식의 숫자가 부의 상징이요, 축복의 상징이었다. 그런데 75세가 되기까지 한 명의 자식도 없었던 아브라함은 박복(薄福)의 대명사였다. 그런 그를 영광의 하나님께서 불러주셨기에 훗날 열방의 아버지가 될 수 있었다.

"너희의 조상 아브라함과 너희를 낳은 사라를 생각하여 보라 아브라함이 혼자 있을 때에 내가 그를 부르고 그에게 복을 주어 창성하게 하였느니라"(사 51:2).

지금 있는 자리가 괜찮을 것 같지만 하나님 보시기엔 그렇지 않다. 하나님의 뜻대로 움직이고 하나님께서 주신 사명에 헌신하고 떠나야 진짜 복이 온다. 그 축복의 미래를 위해 아브라함은 자신이 평생 자라온, 편하고 익숙한 땅과 인간관계를 떠나야 했다. 그런데 왜 꼭 떠나야 할까? 참으로 이상하게도 떠남은 믿음과 관계가 있다.

해방 전 한국교회의 절대다수가 이북에 있었다. 전쟁이 터지면서 남한으로 피난 온 이북 사람들이 교회도 많이 세웠고, 전도도

열심히 했다. 그런가하면 미국이나 캐나다, 남미로 이민 간 사람들도 가는 곳마다 교회를 세우고 신앙생활을 열심히 했다. 한국에서는 교회에 안 다니다가 미국으로 유학을 가거나 이민을 가서 신앙을 갖게 된 사람들이 얼마나 많은지 모른다. 환경을 바꾸지 않았으면 절대 하나님을 체험하는 인생을 살지 못했을 것이다.

아브라함도 그랬다. 그의 아비 데라는 우상을 만들어 팔아먹고 살았다. 우상숭배와 음란과 폭력이 가득한 그의 고향 갈대아 우르에서 계속 살았다면 하나님의 축복을 받고, 그 축복을 열방으로 흘려보내는 믿음의 조상이 될 수 없었다. 그래서 하나님께서 터를 옮겨버리신 것이다. 인간적인 안전지대를 떠나야 할 때는 단호히 끊고 떠나야 한다. 떠나지 않으려고 어기적거리면 하나님께서 강권적으로 떠날 수밖에 없는 상황을 만드실 것이다.

죄악 된 과거를 떠나야 축복의 미래로 갈 수 있다. 하나님께서는 "네 고향과 친척과 아버지의 집을 떠나라"라고 하셨다. 고향을 버리고 불효하라는 얘기가 아니다. 하나님의 새로운 길을 가는 것을 막는 나의 옛 사람의 사슬을 과감히 끊고 나오라는 것이다. 새로운 약속의 땅으로 가려면 반드시 죄악 된 옛 보금자리를 떠나야 한다. 진정한 믿음은 우리를 둘러싸고 있는 죄의 환경으로부터 분리되는 것이다.

믿음으로 받는 약속의 땅

4 아브라함이 갈대아 사람의 땅을 떠나 하란에 거하다가 그의 아버지가 죽으매 하나님이 그를 거기서 너희 지금 사는 이 땅으로 옮기셨느니라

믿음으로 용감하게 떠난다고 해서 옛 과거와의 끈이 쉽게 끊어지는 것은 아니다. 아브라함은 아버지 데라와 조카 롯까지 데리고 갈대아 우르를 떠나 약속의 땅으로 천 킬로미터가 넘는 험난한 길을 여행했는데, 여정 중 하란에 도착하면서부터 문제가 생겼다.

구약성경은 아브라함이 아버지 데라가 죽을 때까지 거기에 몇 년이나 머물렀다고 했다. 그러니까 아브라함의 믿음의 발걸음을 붙잡은 것은 십중팔구, 우상숭배에 젖어있던 아버지 데라와 욕심 많은 조카 롯이었을 것이다. 하나님께서 주시는 새 비전에 헌신하려고 하면 아브라함의 경우처럼 가족, 친지, 친구들이 발목을 잡는 경우가 많다. 나쁜 사람들은 아니지만 영적인 사람들이 아니기 때문에 우리가 하나님께 모든 것을 드리는 헌신을 하길 원치 않는다. 그래서 약속의 땅 가나안까지 가지 못하고, 중간쯤 위치한 하란에 오래 머무르게 된 것이다.

가족들은 왜 아브라함에게 하란에 계속 머물러 있자고 했을까? 하란은 물이 있고 가축에게 꼴을 먹이기 적당한 초원 지대였다(지리학자들은 이곳이 아브라함이 떠나온 고향 갈대아 우르와 여러모로 흡사한 땅이라고 한다). 하란은 단순히 중간 지점으로 지나치기에는 꽤 괜

찮은 땅이었다. 그래서 더더욱 아브라함의 아버지와 가족, 친지들은 하란에 머물러 있자고 그에게 압력을 넣었을 것이다. 비전의 여정에서 우리를 중단시키는 것은 하란 같은 지나치게 괜찮은 땅, 우리에게 익숙한 옛 사람의 기억들이다. 그것이 우리로 하여금 헌신은 하되 적당한 선에서 타협하게 한다.

"갈대아 우르를 떠나 천 킬로미터나 왔으면 됐지. 여기 하란이 약속의 땅이라고 생각하면 되지 않냐? 이만하면 좋지 않아?"

하나님의 사람은 이 유혹에 속으면 안 된다. 그런데 아브라함은 아버지 데라가 죽기까지 하란을 떠나지 못했다. 하나님께서는 아브라함에게 옛 사람의 영향력을 주는 데라가 죽기까지 기다리셨다. 데라가 죽자, 하나님께서는 즉시 아브라함에게 하란을 떠나 약속의 땅으로 계속해서 움직이게 하셨다. 우리가 하나님께서 주신 원래의 비전을 망각하고 중간에서 시간낭비를 하고 있으면 하나님께서 반드시 다시 찾아오신다.

5 그러나 여기서 발 붙일 만한 땅도 유업으로 주지 아니하시고 다만 이 땅을 아직 자식도 없는 그와 그의 후손에게 소유로 주신다고 약속하셨으며

약속의 땅으로 갔지만 하나님께서는 정작 그곳의 땅을 유업으로 주지는 않으셨다. 대신 후손에게 땅을 주겠다는 약속을 주셨다. 약속의 땅인데 땅은 없고 약속만 주신 것이다. 아브라함이 얼마나 당황했겠는가. 그것도 이삭이 태어나기 전, 자식이 한 명도

없는 아브라함에게 후손에게 땅을 줄 것이라는 약속이 얼마나 황당하게 들렸겠는가!

8절에 보면 하나님께서는 "할례의 언약"만을 아브라함에게 주셨다고 되어 있다. 그리고 바로 이삭으로, 야곱으로 바통이 넘겨진다. 할례는 아브라함의 자손들이 약속의 땅에서 번성하여 하나님의 백성으로 살아갈 수 있도록 해주시겠다는 언약의 상징이다. 그런데 이 언약을 할례를 줄 자식이 한 명도 없고, 아브라함도 아내 사라도 늙어서 임신할 수 없는 상황에서 주셨다.

약속의 땅은 믿음으로 받는 것이다. 믿음이 없이는 결코 비전을 추수할 수 없다. 하나님께서는 불가능을 가능케 하시는 분, 막힌 것을 뚫으시는 분, 없는 것을 있게 하시는 분이다. 우리는 내가 못하니까 하나님도 안 될 거라고 생각한다. 그러나 나는 못해도 하나님은 하신다. 인간적인 눈으로는 가능성이 안 보이는가? 그래도 믿어야 한다. 아브라함을 위대하게 만든 것은 능력이나 인품이 아니라 믿음이었다. 하늘이 땅보다 높음같이 하나님께서 나와 다르심을 인정하고 그분께 온전히 맡기길 바란다.

시련을 인내하는 믿음

8 할례의 언약을 아브라함에게 주셨더니 그가 이삭을 낳아 여드레 만에 할례를 행하고 이삭이 야곱을, 야곱이 우리 열두 조상을 낳으니라 **9** 여러 조

상이 요셉을 시기하여 애굽에 팔았더니 하나님이 그와 함께 계셔 **10** 그 모든 환난에서 건져내사 애굽 왕 바로 앞에서 은총과 지혜를 주시매 바로가 그를 애굽과 자기 온 집의 통치자로 세웠느니라

야곱에게 열두 아들이 있었지만, 하나님의 역사는 끝에서 두 번째인 요셉을 통해서 이뤄진다. 많은 사람 중에 하나님께서 쓰시는 사람이 있다. 그런데 하나님의 선택을 받았다고 좋아할 일만은 아니다. 요셉의 인생 초창기는 보통 사람은 상상도 못할 충격적인 고난의 시간이었다. 17세의 나이에 형들의 시기를 받아 애굽에 노예로 팔려가 기막힌 일을 당했다.

하나님께서는 하나님의 사람에게 약속을 주시지만 그 약속을 받기까지 어떤 과정을 거치게 하신다. 아브라함에게도 이삭을 얻기까지 오랜 인내와 시련의 시간을 겪게 하면서 그 믿음의 그릇을 준비시키셨듯이 요셉의 인생도 그랬다. 사실 이집트로 팔려가기 전의 요셉은 상당히 문제가 많은 사람이었다.

"야곱의 족보는 이러하니라 요셉이 십칠 세의 소년으로서 그의 형들과 함께 양을 칠 때에 그의 아버지의 아내들 빌하와 실바의 아들들과 더불어 함께 있었더니 그가 그들의 잘못을 아버지에게 말하더라 요셉은 노년에 얻은 아들이므로 이스라엘이 여러 아들들보다 그를 더 사랑하므로 그를 위하여 채색옷을 지었더니 그의 형들이 아버지가 형들보다 그를 더 사랑함을 보고 그를 미워하여

그에게 편안하게 말할 수 없었더라 요셉이 꿈을 꾸고 자기 형들에게 말하매 그들이 그를 더욱 미워하였더라"(창 37:2-5).

　17세라면 철이 들만큼 든 나이다. 그런데도 아버지의 편애를 힘입어 이복형들의 잘못을 고자질하는 철부지가 바로 요셉이었다. 게다가 아버지가 자신에게만 준 채색옷을 당연한 듯 걸치고 다니며 열심히 일하는 형들 앞에서 거들먹거리며 형들을 상징하는 볏단들이 자신의 볏단에게 절했다는 꿈 얘기를 형들 앞에서 신나게 떠들었던 경솔한 사람을 누가 좋아하겠는가. 요셉이 평생 이렇게 살았다면 오히려 수많은 사람들에게 해를 끼칠 수도 있었을 것이다. 바로 이것이 하나님께서 요셉이 형들에 의해 애굽으로 팔려가는 것을 허락하신 이유다. 그의 옛 사람을 고난의 풀무 불을 통해서 완전히 깨버리지 않으면 안 되었던 것이다.

　요셉의 이집트 노예생활의 시작은 이집트 왕 파라오의 경호 대장인 보디발의 관저에서였다. 거기서 신임을 얻어 그 집의 살림을 책임지게 된 그는 이집트 상류사회의 재무 훈련과 에티켓, 문화와 언어를 배우게 된다. 그 후 보디발 아내의 농간으로 억울한 감옥살이를 하게 되지만 거기서도 신임을 얻어 감옥 안의 여러 가지 일을 총괄하게 된다. 그곳은 이집트 정치범들이 갇힌 감옥이었는데, 거기서 요셉은 뜻하지 않게 정치 수업과 인사 관리 훈련을 받게 된다.

철부지 막내아들이 아닌 혈혈단신의 노예로, 죄수로 살면서 요셉은 겸손하고 진중해졌다. 하나님께서는 요셉이 30세가 되기까지 13년 동안 여러 각도에서 그를 다듬으시고 훈련시키신 뒤 이집트 총리대신이 되게 하셨다. 요셉의 인격이 성숙해졌고, 대국 이집트의 실력도 갖추게 되었다. 하나님께서 사람을 만드시는 과정이 얼마나 절묘한가!

"하나님이 그와 함께 계셔 그 모든 환난에서 건져내사." 요셉이 애굽에서 겪었던 시련의 시간 동안 하나님께서 그와 함께 계셨다. 그 모든 시련들 속에 하나님의 뜻이 있었다는 것이다. 그 시련을 하나하나 극복해가면서 요셉의 리더십과 인품이 자라났다.

성공은 실패가 없는 것이 아니라 실패가 계속해서 극복되어지는 것이다. 멈춰 있는 어떤 정점이 아니라 끊임없이 흘러가는 과정이다. 하나님의 약속을 붙잡고 가는 사람의 여정에 시련은 있어도 절망은 없다. 영적 성장은 때로는 뒤로 가는 것같이 힘든 위기에 부딪치지만 실은 그것을 통해서 앞으로 가는 것이다.

놀라운 계획

요셉이 이집트의 총리대신이 되는 것이 하나님의 궁극적인 목적은 아니었다. 우리도 뜻밖의 성공을 만날 때 조심해야 한다. 좋은 대학에 입학하고, 좋은 직장에 들어가고, 뜻하지 않은 자리로

승진하고, 사업에 성공할 때 기도하며 이 성공을 주신 하나님을 묵상해야 한다. 성공이 끝이 아니라 그것을 통해 하나님께서 이루고자 하시는 놀라운 계획이 있기 때문이다.

11 그때에 애굽과 가나안 온 땅에 흉년이 들어 큰 환난이 있을새 우리 조상들이 양식이 없는지라 **12** 야곱이 애굽에 곡식 있다는 말을 듣고 먼저 우리 조상들을 보내고 **13** 또 재차 보내매 요셉이 자기 형제들에게 알려지게 되고 또 요셉의 친족이 바로에게 드러나게 되니라 **14** 요셉이 사람을 보내어 그의 아버지 야곱과 온 친족 일흔다섯 사람을 청하였더니

총리대신 자리는 요셉이 끔찍한 기근으로 고생하는 아버지와 형들을 구해낼 수 있도록 하는 방편에 불과했다. 하나님께서는 이집트의 실세로 자리매김한 요셉을 사용하셔서 아브라함의 자손, 야곱의 일족 70여 명을 잠시 이집트에 데려와 기근을 넘기고 살아남게 하셨다.

6 하나님이 또 이같이 말씀하시되 그 후손이 다른 땅에서 나그네가 되리니 그 땅 사람들이 종으로 삼아 사백 년 동안을 괴롭게 하리라 하시고 **7** 또 이르시되 종 삼는 나라를 내가 심판하리니 그 후에 그들이 나와서 이곳에서 나를 섬기리라 하시고

그러나 이도 더 거대한 계획을 위한 서막에 불과했다. 하나님께서는 4백 년 동안 그들을 이집트에서 번성하게 하사 2백만 백성으로 불리신 뒤, 다시 약속의 땅으로 돌아가게 하셨다.

사실 시간적 순서로 따지면 6절과 7절은 16절 다음에 놓아야 한다. 야곱의 일족이 요셉의 초청으로 이집트로 이주한 뒤 그곳에서 4백 년간 살게 되기 때문이다. 그런데 스데반은 아브라함 이야기를 하다가 뜬끔 없이 요셉 이후에 일어날 이야기를 집어넣었다. 아브라함에게 주셨던 약속이 아브라함의 시대를 뛰어넘어 그 자손들의 역사를 통하여 서서히 완성되어 갔다는 의미다.

"너희 자손이 하늘의 별같이, 땅의 모래같이 많아질 것이다"라는 하나님의 약속이 아브라함 때에는 이삭 하나로 그쳤지만 손자 야곱의 때에는 열두 지파, 75명의 일족이 되었고, 증손자 요셉이 이집트에서 총리대신이 됨으로 말미암아 폭발적으로 성장해가기 시작한다.

아브라함에게 주신 하나님의 약속이 이뤄지는 과정에서 요셉의 역할은 특별히 중요했다. 요셉으로 인해 당시 세계 최고 강대국 이집트에 백 명도 안 되는 아브라함의 후손들이 이민 가서 자리잡을 수 있었기 때문이다. 요셉은 바로 왕 다음가는 권력자였을 뿐 아니라 이집트를 큰 기근으로부터 구해내어 경제적 풍요로움을 누리게 한 장본인으로 백성들의 신뢰를 한 몸에 받고 있었다.

야곱의 일족은 이 요셉의 후광을 입고 이집트에 정착했기 때문에 누구보다 빠르게 자리잡을 수 있었을 것이고, 교육을 받고 결혼을 하고 직장을 찾고 비즈니스를 하는 데 누구보다 많은 혜택을 받았을 것이다. 그래서 4백 년이라는 시간 동안에 75명이 2백만 명이 넘는 숫자로 불어날 수 있었을 것이다. 땅도 작고 척박한 가나안에서는 아브라함의 자손들이 그렇게 빨리 늘기가 거의 불가능했을 것이다.

그러나 이집트 정권과 왕조가 몇 번씩 바뀐 후에는 강대하게 자란 히브리 민족에게 위협을 느낀 통치자들이 이들을 견제하여 사내아이를 낳으면 죽이도록 했다. 이런 시련의 역사를 통해 하나님께서는 이스라엘 백성들을 훈련시키셨다. 그들은 노예생활을 하면서 어떤 힘든 상황에서도 살아남을 수 있는 강인한 체력과 인내를 배웠다. 거기다가 문명국 이집트에서 배운 것도 많았다. 그래서 모세를 따라 출애굽할 때의 그들은 아무것도 모르는 무식한 사람들이 아니었다. 당시 세계 최강대국의 학문과 문화, 기술과 지식을 4백 년 동안 익히고 자라난 백성들이었다.

그러나 그들은 이집트에서는 노예요 나그네였기에 하나님의 때가 되니 지체 없이 거기서 나와야 했다. 그리고 약속의 땅으로 가서 그들이 배운 모든 것을 하나님의 영광을 위해서 써야 했다.

아브라함에게 주셨던 약속이 이뤄지는 1단계 과정이 요셉을 통해서 이뤄졌다. 요셉과 아브라함은 2백 년이란 시간차를 두고 태어났기에 서로 만난 적이 없지만, 하나님께서는 두 사람의 인생을 하나의 선으로 연결해 놓으시며 큰 구원의 계획을 완성해

가셨다. 나 혼자 하나님의 위대한 일을 감당한다고 생각하지 말라. 하나님께서는 나와 다른 많은 사람들, 이 시대뿐 아니라 과거의 시대와 미래의 시대에 사는 하나님의 백성들을 신비한 방법으로 연결시켜서 하나님의 계획을 완성해 가실 것이다.

대가를 치르는 믿음

15 야곱이 애굽으로 내려가 자기와 우리 조상들이 거기서 죽고 **16** 세겜으로 옮겨져 아브라함이 세겜 하몰의 자손에게서 은으로 값 주고 산 무덤에 장사되니라

스데반은 요셉 이야기를 아버지 야곱의 장사를 지내는 이야기로 마무리한다. 야곱은 이집트에서 죽었지만 그 유해가 그곳에 묻히지 않고 고향인 가나안 땅 세겜에 묻혔다. 그는 아브라함이 세겜 하몰의 자손에게서 은으로 값 주고 산 무덤에 장사되었다. 스데반이 말한 무덤은 아브라함이 아내 사라를 매장하기 위해 가나안 땅 안에 마련한 곳이다. 당시 아브라함에게 이 땅을 판 하몰의 자손들은 아브라함을 존경하여 거저 주겠다고 했지만, 아브라함은 당시 최고의 값을 치르고 무덤을 샀다.

아브라함은 사라의 무덤으로 쓸 굴 외에도 사방에 둘린 밭과 나무들까지 다 구입했다. 큰 부자였으면서도 그때까지 가나안 안에 자신을 위한 땅을 한 평도 사지 않았던 아브라함이 왜 자신의 아

내를 위한 무덤 터를 위해 비싼 대가를 치르고 땅을 샀을까? 여기에는 엄청난 영적 의미가 있다. 가나안 땅은 아브라함에게는 낯선 이역만리 타국이었지만 먼 훗날 그의 후손들이 주인이 되어 살 땅이었다. 하나님께서 약속하신 땅, 하나님의 꿈이 이뤄질 땅이었다. 그 땅을 비싼 값을 치르고 매입함으로써 아브라함은 장차 그 땅 전체의 주인이 될 후손을 대신해 거룩한 인(印)을 친 것이다.

프랑스의 노르망디 해안은 유럽의 아주 작은 일부분에 불과했지만, 2차 대전 시 연합군이 그곳에 상륙하여 교두보를 마련함으로써 유럽 전체를 나치 독일로부터 빼앗는 시작점이 되었다. 그래서 수많은 병사들의 핏값을 치르며 그 땅을 확보한 것이다. 마찬가지로 아브라함에게 있어서 세겜의 무덤은 장차 이스라엘 민족 전체가 차지할 가나안 땅의 영적 교두보이자, 자신의 후손들이 그 땅을 실제로 주실 그날을 바라보고 사는 데 도움이 되는 비전의 전초기지였다.

1대 이민자였던 아브라함이 늘그막에는 두고 온 고향을 그리워했을 만도 하건만, 죽어서도 그는 고향으로 돌아가지 않았다. 하나님의 약속이 있는 곳이 바로 그의 새 고향이었기 때문이다. 그래서 세겜의 무덤에 아브라함 자신도, 그의 아들 이삭도, 손자 야곱도, 증손자 요셉도 묻힌다. 아브라함은 아내의 무덤을 가나안 땅 안에 만듦으로써 하나님께서 주실 축복의 미래를 준비했다. 비록 나그네처럼 힘들고 외로운 인생이었지만, 아브라함의 가슴에는 자손의 미래를 위해 하나님께서 예비하신 거대한 축복의 꿈이 불타오르고 있었던 것이다. 그래서 편한 삶이 아니라 비전의 삶을 택했다. 아마 아브라함은 이렇게 되뇌었을지도 모른다.

'지금은 비록 작고 보잘것없는 땅으로 시작하지만 훗날 하나님께서 약속하신 대로 내 자손이 이 땅 전체의 주인이 될 거야. 그리고 이곳에서 하나님의 나라를 이뤄 나갈 거야. 외롭고 힘든 곳이지만 나는 결코 물러나지 않아.'

스데반이 왜 "값 주고 산 무덤"이라는 점을 강조했겠는가. 지금은 한 알의 밀알처럼 보잘것없어 보이는 것이라도 하나님께서 거기에 기름부으시면 꽃이 피고, 열매가 맺고, 무성한 숲이 되어 번창하게 된다. 이 이유 때문에 아브라함은 비싼 값을 치르고 무덤을 산 것이다.

하나님의 약속과 비전은 공짜이다. 그러나 그 약속은 땀을 흘려야만 추수할 수 있다. 축복은 공짜로 주시는 것이지만 그 축복을 받을 그릇은 땀 흘려 준비해야 한다. 남의 땀이 아닌 내 땀을 흘려야 하고, 남이 아닌 내가 값을 치러야 한다. 하나님의 약속을 그저 받으려고만 하면 안 된다. 그 땅을 하나님의 땅으로 만들기 위한 일을 해야 한다. 주님도 우리를 구원하시기 위해 자신의 피로 그 값을 치러주셨다.

그런 의미에서 아브라함이 비싼 값을 치르고 산 세겜의 무덤은 하나님께서 우리를 구원하시기 위해 독생자 예수님의 피값을 치르고 사신 십자가와 같다. 사람들 눈에 보기엔 극히 작은 사건이었지만 그것은 영적 전쟁에서 가장 엄청나고 위대한 시작이었다. 그로 인해 두고두고 모든 열방이 구원의 혜택을 누리게 되지 않았는가. 하나님께서 주시는 약속은 단지 우리 당대에 그칠 것이 아니다.

세대를 초월한 믿음

이 세겜의 무덤은 아브라함과 후손들이 영적으로 만나는 곳이었다. 히브리서 11장 9절에 보면 아브라함은 자신의 자손인 이삭 및 야곱과 동일한 약속을 유업으로 받았다고 했다. 그것은 세대를 초월하여 모든 믿음의 사람들이 공유하는 하나님의 비전이요, 영적인 유산이었다.

그렇다고 세겜의 무덤이라는 특정 장소를 신성화하라는 얘기가 아니다. 훗날 성전이 세워진 장소는 세겜이 아니라 예루살렘이다. 그리고 예루살렘도, 그 안의 성전도 훗날 이방군대의 손에 철저히 파괴되고 만다. 중요한 것은 그 땅을 통해서 믿음의 조상들이 보여준 영적 교훈이다(성전이 허물어지는 것만 걱정했던 스데반의 대적들은 이 점을 분명히 알아야 했다).

성전이나 세겜의 무덤은 후손들이 지향해야 할 곳이 약속의 땅 가나안이란 것을 보여주는 표지판이었다. 언제 어디서 무엇을 하든 사람들의 삶의 방향을 영원한 약속의 땅으로 향하게 하는 영적 나침반이었다. 무슨 일을 하든 그 일을 통해서 열방의 백성들을 제자 삼는 하나님의 사명을 이루며 살아야 한다는 의미였다.

우리에게도 나와 내 후손의 앞날을 위해 어떤 대가를 치르더라도 확보해야 할 영적인 유산이 있다. 데이비드 플랫의《래디컬 Radical》이란 책에 보면 제3세계 선교지에서 신약성경을 일주일 내내 가르쳤더니, 일주일 더 연장해서 구약성경도 가르쳐 달라던 현지인들의 이야기가 나온다. 대부분 가난한 농부들이었기에 농사를 중단하면 그만큼 굶어야 했다. 그런데도 기꺼이 그 대가를 치르겠다고 했다. 자신과 자기 후손들의 영적 유산이 될 말씀을 배우겠다는 것이다. 이것이 세겜의 무덤을 산 아브라함의 정신이다. 자녀의 미래를 위해 땅을 사두고, 적금을 들어두는 것보다 훨씬 더 영원하고 중요한 투자는 든든한 믿음의 유산, 영적인 유산을 물려주는 일이다.

6장에서 스데반의 대적들은 스데반이 성전을 허물어뜨리려 하고, 율법을 폐하려 한다고 공격했었다. 스데반의 설교는 그에 대한 대답이다. 그들은 모세를 절대시했지만 실은 아브라함이 없었다면 모세의 시대도 존재할 수 없었다. 그들은 율법을 절대시했지만 율법이 있기 전에 하나님께서는 약속을 주셨다. 그들은 성전이라는 특정 장소를 절대시했지만 아브라함이나 야곱이나 요셉, 그리고 그들이 절대시했던 모세도 다 나그네로 살다가 죽었다.

우리는 율법에 묶인 노예들이 아니다. 하나님의 약속을 붙잡고 나가는 자유인들이다. 성전이라는 특정 장소에 매인 사람들이 아니다. 하나님께서 보내시는 곳이면 어디든지 갈 수 있는 아브라함 같은 유목민들이다. 율법과 성전보다 중요한 것은 어디에 있든 하나님의 약속을 붙들고 믿음으로 사는 것이다. 비록 이 땅에서는 나그네로 살며 외롭고 힘들 때가 많지만 하나님께서 주신 사명을 완성해 가는 인생인 줄 믿고 결코 위축되지 않아야 한다. 좁고 외로운 길이지만 서로 격려하면서 함께 나가야 한다.

09 네 발에서 신을 벗으라

행 7:17-36

이스라엘에 닥친 고난

하나님의 사람의 인생은 요람에서 무덤까지 모두 하나님의 크고 놀라운 계획 안에 있다. 지난 장에서 우리는 아브라함과 요셉의 인생을 통해 역사하신 하나님의 놀라운 섭리를 보았다. 계속해서 요셉이 죽은 뒤 4백 년 뒤에 태어난 모세의 인생 속에 담긴 하나님의 섭리를 살펴보기로 하자.

17 하나님이 아브라함에게 약속하신 때가 가까우매 이스라엘 백성이 애굽에서 번성하여 많아졌더니

하나님께서 아브라함에게 약속하신 것이 무엇인가? 그의 자손을 하늘의 별처럼 바다의 모래처럼 많게 하사 그들로 하여금 약속

의 땅에서 하나님을 예배하며 살게 하겠다는 것이다. 당시 자식이 한 명도 없던 아브라함에게는 믿기 어려운 약속이었지만 그것을 믿었기 때문에 아브라함은 믿음의 조상이 되었다.

성경은 약속의 책이다. 약속은 하나님과 하나님의 자녀 사이에 이뤄지는 것이다. 약속은 이뤄지는 "때"가 있다. 하나님의 때가 되기 전에는 인간이 아무리 용을 써도 약속은 이뤄지지 않는다. 하나님께서는 조급하지도 않으시고 더디 오지도 않으신다. 가장 알맞은 때에 오신다. 하나님께서 정하신 때는 우리에게 가장 좋은 때이다.

야곱 일족은 존경받는 총리대신인 요셉의 가족으로 이민 왔기 때문에 최고의 대우를 받으며 이집트에 정착했다. 이집트에서 가장 좋은 땅에 집을 짓고, 가장 좋은 직장에 취직하여 다닐 수 있었다. 모든 명망 있는 가문에서 그들과 줄을 대려했을 것이다. 덕분에 그들은 애굽에서 급속도로 번성할 수 있었다. 그러나 그렇게 축제처럼 시작된 이민생활은 시간이 지나면서 눈물과 고통의 노예생활로 급변하게 된다. 현재의 육체적 삶이 잘 나간다고 해서 흥청망청하지 말고, 겸손하게 내일을 대비해야 한다.

18 요셉을 알지 못하는 새 임금이 애굽 왕위에 오르매 **19** 그가 우리 족속에게 교활한 방법을 써서 조상들을 괴롭게 하여 그 어린아이들을 내버려 살지 못하게 하려 할새

마침내 이스라엘 백성에게 힘든 시간이 닥쳐왔다. 이집트의 정권과 왕조가 바뀌면서 요셉을 알지 못하는 새 권력자가 등극한다. 히브리 민족이 급속도로 번성하여 수가 많아지는 것에 위협을 느낀 새 권력자는 히브리 민족 전부를 노예로 만들어버렸다. 그러면 히브리 민족의 수가 줄어들 것으로 생각했다. 과거에 우리나라에서도 역모로 걸리면 정승 판서를 지내던 양반 일족이 하루아침에 천한 노예로 전락하여 갖은 수모를 다 겪었다. 야곱의 자손들에게 그런 날이 벼락같이 닥친 것이다.

그런데 이집트 왕의 의도와는 달리 고된 노역생활 중에서도 히브리인들의 숫자는 줄어들지 않았다. 히브리 여인들은 건강하여 아이를 잘 낳았다. 그러자 태어난 아이가 여자아이면 살려주고, 남자아이면 나일 강에 던져 죽게 하라는 잔인한 명령이 내려졌다. 얼마나 끔찍한 일인가. 노예생활도 힘든데 갓 태어난 핏덩이 아들을 강에 던져 죽여야 했으니, 그 시대 히브리인들이 겪어야 했던 절망과 탄식은 가히 상상하기도 어렵다.

죽음에서 건짐 받은 모세

20 그때에 모세가 났는데 하나님 보시기에 아름다운지라 그의 아버지의 집에서 석 달 동안 길리더니

야곱 일족이 이집트로 이민 와서 대접을 잘 받던 시절에 모세가

태어났으면 얼마나 좋았을까. 그는 참으로 힘든 시절에 태어났다. 정상적인 상황이라면 모세도 그때 태어난 다른 히브리 남자아이들처럼 죽었어야 했다. 많은 사람들이 자기가 태어난 환경을 탓한다. 좀 더 좋은 환경에 태어났더라면 자신이 더 잘 됐을 것이라고 한다. 환경을 탓하자면 모세같이 절망적인 환경도 없을 것이다. 그러나 하나님께서는 인간의 절망 가운데서 소망의 역사를 시작하신다. 인간의 최악이 하나님께는 최상의 타이밍이 될 수 있다.

그래도 모세의 부모는 태어난 아이를 석 달 동안 몰래 집에서 길렀다고 했다. 서슬 퍼런 바로 왕의 국법을 어기는 무서운 일이었다. 들키면 아이는 물론 부모까지 죽을 수 있었지만 목숨을 걸고 길렀다. 하지만 거기까지였다. 더 이상은 주변의 눈을 속일 수 없었다. 마침내 아이는 부모에 의해 버려지게 된다. 자칫 잘못 읽으면 모세의 친부모가 자기 살기 위해서 아이를 무책임하게 버린 게 아닌가 오해하기 쉽다. 만약 그랬다면 다른 부모들처럼 낳자마다 버렸지 굳이 목숨 걸고 석 달 동안이나 키우지 않았을 것이다.

구약성경에 보면 "그 여자가 임신하여 아들을 낳으니 그가 잘생긴 것을 보고 석 달 동안 그를 숨겼으나"(출 2:2)라고 되어 있다. 이것은 단순히 아이의 외모가 잘 생겼다는 게 아니다. 20절을 보면 비밀이 풀린다. "그때에 모세가 났는데 하나님 보시기에 아름다운지라." 아이의 부모는 믿음의 사람들이었다. 그들은 태어난 아이에게서 어떤 영적인 느낌을 받았다.

이 아이가 단순히 자신들의 아이가 아니라 하나님의 영광을 드러내는 도구로 쓰임 받을 특별한 아이임을 느낀 것이다. 성령께서 주신 감동이었을 것이다. 그래서 어떻게든 이 아이를 살려야겠다고 생각한 것이다. 히브리서 11장 23절을 보면 모세의 부모는 "믿음으로" 석 달 동안 아이를 숨겼다고 했다. 단순히 부모의 본능이 아니라 하나님을 믿는 믿음 때문이었다.

그들이 마침내 아이를 갈대상자에 넣어 나일 강에 흘려보낸 것은 아이를 버린 것이 아니었다. 그 아이에 대한 부모로서의 인간적 집착을 버린 것이었다. 그것은 믿음의 눈으로 그 아이를 바라보았기 때문에 가능한 일이었다. 믿음의 눈으로 보니까 하나님의 섭리가 보였고, 하나님의 섭리를 믿으니까 아이를 온전히 내려놓을 수 있었던 것이다.

자녀를 바라볼 때 모세의 부모처럼 믿음의 눈으로 보기를 바란다. 세상의 기준으로 쉽게 평가해선 안 된다. 외모와 시험성적으로만 아이를 평가해서 "어휴, 저런 게 어디서 나왔지?"라고 해서는 안 된다. 믿음의 눈으로 아이를 보면 아이를 향한 하나님의 놀라운 섭리가 보일 것이다. 그러면 하나님의 손에 온전히 아이를 맡기면 된다. 부모가 집착을 버리고 하나님께 아이를 맡겨드리면 흘러가는 나일 강이 그 아이를 이집트 공주의 손으로 인도했듯이 그 아이에게 적합한, 최고의 미래로 인도하실 것이다.

21 버려진 후에 바로의 딸이 그를 데려다가 자기 아들로 기르매

버려진 모세를 바로의 딸이 데려다 자기 아들로 키웠다고 간단하게 기록되어 있지만, 이것은 그리 쉬운 일이 아니다. 나일 강이 작고 잔잔한 동네 개천이 아니라 곳에 따라서는 바다처럼 물결치는 큰 강이기 때문이다. 출애굽기 2장을 보면 조금 더 자세한 정황이 나온다. 모세의 부모는 물이 들어가지 못하게 역청을 바른 갈대상자 안에 아이를 넣어 강에 띄워보냈고, 모세의 큰 누이는 이 상자가 어디로 흘러가는지 보려고 멀리서 따라갔다고 했다. 그리고 그날 바로의 딸인 이집트 공주가 강가에 목욕하러 나왔다가 이 상자를 발견하게 된 것이다.

그 좋은 왕궁의 목욕탕을 두고 왜 하필 그날 공주가 불편한 나일 강가로 와서 목욕할 생각을 했으며, 어떻게 그 수많은 지류가 엇갈리는 나일 강, 곳곳에 악어 떼와 하마들이 우글거리는 거대한 강에서 모세가 담긴 갈대상자가 딱 그 지점으로 갔겠는가. 오직 하나님의 기가 막힌 섭리가 아니었다면 모든 정황이 이처럼 들어맞을 수는 없었다.

하나님께서는 우리의 인생 배후에서도 치밀하게 역사하신다. 어느 날 어떤 곳에서 어떤 사람을 만나서 복음을 듣고 구원받게

하시고, 또 누군가를 통해서 교회에 오게 하셨다. 앞으로도 하나님께서는 수많은 상황들을 엮어가시며 우리의 인생을 놀랍게 인도하실 것이다. 그러니까 당장은 복잡하고 힘들어도 절대 절망하지 말라. 모든 것이 합력하여 선을 이룰 것이기 때문이다.

또 하나, 참으로 희한한 일은 아버지 바로 왕은 모든 히브리 남자 아이들을 죽이라는 명령을 내렸는데, 그 딸은 아이를 꺼내어 살려주었다는 것이다. 호랑이굴에 들어가야 산다고, 서슬 퍼런 바로의 명령이 안 통하는 곳이 없는 이집트에서 모세가 가장 안전하게 자랄 수 있는 곳은 이집트 왕궁이었다. 바로 왕은 자기 집 안에 그런 엄청난 반전의 불씨가 자라고 있는 것을 꿈에도 짐작하지 못했으리라.

하나님께서 이집트 공주의 손에 의해 모세가 건짐받게 하신 것은 당장 모세를 살리기 위한 것만은 아니었다. 그것은 모세의 내일을 준비하기 위함이었다. 모세는 40년 동안 이집트 공주의 양자로 자라면서 당시 세계 최강대국이던 이집트 문명의 최고만을 흡수했다.

22 모세가 애굽 사람의 모든 지혜를 배워 그의 말과 하는 일들이 능하더라

모세는 이집트의 학문과 무술, 행정 시스템과 정치, 경제, 문화에 통달하게 되었다. 모세의 친부모가 자기 돈을 들여서 이런 특급 과외공부를 시킬 수 있었겠는가. 이것 또한 하나님의 섭리였

다. 이런 훈련을 했기에 훗날 2백만 명에 달하는 이스라엘 백성들을 40년 동안 통솔할 수 있었다. 또한 노인이 되어서도 모세오경(창세기, 출애굽기, 레위기, 민수기, 신명기-성경 전체 분량의 1/5에 달하는 엄청난 분량)이라는 방대한 저술도 할 수 있었다.

이처럼 하나님께서는 우리의 인생을 향한 크고 놀라운 계획을 갖고 계신다. 우리를 이모저모로 철저하게 준비시키셔서 사용하신다. 능력이 부족하면 노예를 공주의 아들로 만들어 왕궁으로 들여보내서라도 공부시키신다. 그것도 특급 국비 장학생으로 말이다. 그렇게 해서 부족한 것들을 다 채우게 하신다. 하나님께서 비전을 주셨다면 그것을 감당할 준비도 시키실 것을 믿으라.

모세의 탈출

23 나이가 사십이 되매 그 형제 이스라엘 자손을 돌볼 생각이 나더니 **24** 한 사람이 원통한 일 당함을 보고 보호하여 압제 받는 자를 위하여 원수를 갚아 애굽 사람을 쳐 죽이니라 **25** 그는 그의 형제들이 하나님께서 자기의 손을 통하여 구원해주시는 것을 깨달으리라고 생각하였으나 그들이 깨닫지 못하였더라 **26** 이튿날 이스라엘 사람끼리 싸울 때에 모세가 와서 화해시키려 하여 이르되 너희는 형제인데 어찌 서로 해치느냐 하니 **27** 그 동무를 해치는 사람이 모세를 밀어뜨려 이르되 누가 너를 관리와 재판장으로 우리 위에 세웠느냐 **28** 네가 어제는 애굽 사람을 죽임과 같이 또 나를 죽이려느냐 하니

모세가 "사십이 되매 그 형제 이스라엘 자손을 돌볼 생각이 나더니"라고 했다. 40년 동안 이집트 최고의 삶을 누리며 승승장구하던 그가 갑자기 왜 이런 생각을 했을까? 출애굽기 3장을 보면 이집트 공주가 모세의 생모를 젖먹이는 유모로 선택한 이야기가 나온다. 옛날 이스라엘 사람들은 아이가 세 살이 되기까지 젖을 먹였는데, 경우에 따라서는 일곱 살까지 먹이기도 했다고 한다.

인간의 모든 사고체계와 정서지수가 형성되는 이 중요한 시기에 믿음의 사람인 모세의 생모는 이 아이에게 무엇을 가르쳤겠는가? 아이를 재우고, 목욕시키고, 데리고 놀아줄 때 그녀는 아이에게 "너는 히브리인의 피를 타고 났다. 너는 이 백성을 구하기 위해 하나님께서 사용하시는 도구가 될 거야"라는 메시지를 수도 없이 들려주었을 것이다.

그래서 모세는 어릴 때부터 자신이 누구인지, 무엇을 위해 살아야 하는지 분명히 알았다. 그래서 40년 동안 이집트 왕궁에서 제왕 수업을 받을 때도 꾀부리지 않고 열심히 살았을 것이다. 참으로 섬세하신 하나님의 배려가 아닌가!

그렇게 모세가 순조롭게 성장해서 마흔 살의 늠름한 장년이 되었다. 그때 참으로 뜻하지 않은 사건이 터진다. 모세가 밖에 나갔다가 히브리인이 이집트인에게 원통한 일을 당한 것을 본 것이다. 노예였던 히브리인들이 핍박당하는 장면이야 별로 놀랄 일도 아니었지만 그날은 모세의 분노가 폭발했다. 모세는 이집트 최고의 학문을 공부한 엘리트였을 뿐 아니라, 이집트 최고의 무예가들에게 무술을 배운 고수였다. 그는 순식간에 그 이집트인을 죽이고 말았다. 사고였지만 모세의 마음에는 뿌듯한 자부심이 일었다.

'자, 이젠 히브리 형제들이 내가 그들을 구원하러 보낸 하나님의 도구인 것을 확실히 알겠지. 노예 신분인 히브리인들이 어찌 감히 이집트인을 죽이겠어? 이집트 왕자인 나니까 가능한 일이지. 다들 그들의 구원자인 나를 자랑스러워하고 고마워할 거야….'

그러나 그것은 모세의 착각이었다. 이스라엘 백성은 전혀 그렇게 받아들이지 않았다. 자못 의기양양해진 모세는 그 다음날 이스라엘 사람들이 서로 싸우는 것을 보고 뛰어들어 화해시키려 했다.

"형제끼리 싸우면 됩니까?"

그런데 이스라엘 노예가 도리어 모세를 밀쳐내며 말했다.

"누가 너를 우리의 재판장으로 세웠느냐? 어제는 이집트 사람을 죽이더니 오늘은 나를 죽일 참이냐?"

그러면서 오히려 모세에게 무섭게 덤벼들었다. 생각지도 못한 일이 벌어진 것이다. 이집트 왕자에게 감히 히브리 노예가 대들다니…. 그것은 히브리 노예들이 모세가 그들과 같은 피를 타고 났다는 것을 알게 되었음을 뜻한다. 그런데 그 사실을 가지고 고마

위하는 게 아니라 오히려 모세를 함부로 대했다.

'너나 우리나 다 히브리 핏줄인데 잘난 체할 것 없잖아?'

이렇게 생각한 것이다. 사실 같은 히브리인이면서 자신들은 힘든 노예살이를 하는데, 모세는 왕궁에서 호의호식하면서 컸으니 상대적 박탈감도 컸으리라. 그런데 갑자기 모세가 자기가 히브리 백성의 구원자라고 나서니 화도 났을 것이다. 모든 상황에는 양면성이 있다. 부모가 자식을 위한다고 하는 일이 자식 입장에선 다르게 느껴질 수 있듯이 말이다.

우리도 종종 이런 일을 겪는다. 남을 도우려하고, 하나님의 일을 하려고 하는데 사람들이 오히려 삿대질을 하며 대든다.

"우리가 왜 네 리더십을 따라야 하느냐? 잘 먹고 잘 살아온 네가 우리의 고생을 아느냐?"

자기가 사랑하고 돌보려는 사람들에게서 이런 말을 들으면 가슴이 찢어지는 듯 아프다. 괜히 어려움에 처한 동족을 도우려다가 오히려 배신당한 모세의 마음은 억울함과 분노로 가득 찼을 것이다. 또한 그의 자신감은 산산조각이 났다. 이집트 왕자인 자신의 능력만 믿고 이스라엘을 구원하는 하나님의 도구가 되어보려 했지만, 결과는 고작 이집트인 한 명을 죽이고 오히려 동족들의 원망을 산 것뿐이었다. 모세는 자신의 신분과 살인한 것이 드러난 것을 깨닫게 되자 정신없이 이집트를 탈출하고 만다.

아무리 하나님의 비전이 분명하다 해도 내 열심과 능력으로는 이룰 수 없다. 내 힘으로는 한 사람의 마음도 얻을 수 없는 것이 영적 리더십이다. 모세는 너무나 아프게 이 사실을 배우게 되었다.

광야에서 만나다

29 모세가 이 말 때문에 도주하여 미디안 땅에서 나그네 되어 거기서 아들 둘을 낳으니라

사십 세의 모세는 인생 절정에 있었다. 핸섬하고 총명하고 용맹하고 카리스마적 리더십이 있었던 최고의 리더였다. 만약 하나님께서 이때 모세를 부르셨다면 아마 그는 당연하다는 듯이 대답했을 것이다.

"아! 역시 하나님께서는 사람을 제대로 보시는군요! 저만큼 하나님의 백성을 이끄는 지도자 역할을 하기에 걸맞는 사람이 어디 있겠습니까? 구비조건은 다 갖췄지요!"

하지만 하나님께서는 모세의 히브리 혈통이 드러나게 하시고, 그가 살인까지 저지르고 광야로 도망가는 신세가 되게 하셨다. 거기서 그는 왕자의 신분을 버리고 한 이름 없는 여인과 결혼해서 40년을 목자로 살아야 했다. 그리고 나서야 하나님께서 모세를 찾아오셨다.

인간적으로 생각할 때 마흔에서 여든까지는 한참 일할 나이다.

열정도 있고, 인생의 원숙한 경험도 있고, 아직 힘도 남아있다. 그러나 하나님께서는 그 황금 같은 시기에 모세의 기를 완전히 꺾어 놓으셨다. 내가 능력 있을 때, 뭔가 할 수 있다고 생각할 때 하나님은 역사하시지 않는다. 하나님께서는 모세가 완전히 고꾸라지기까지 그를 쓰지 않으셨다.

40년이란 세월이 흐르면서 우람한 근육의 똑똑하고 자신만만하던 이집트 왕자가 머리가 허옇게 센, 늙고 약한 노인이 되어버렸다. 수천의 병거를 거느렸던 장군이 장인의 양 떼를 치는 무력한 목동으로 전락했다. 이드로 휘하에 살면서 자존심도 상했을 것이다. 처음에는 분하고 억울하다가 나중에는 완전히 포기와 절망 상태로 가버렸다. 모세는 그렇게 살다가 죽을 줄 알았을 것이다.

광야는 하나님께서 사용하시는 최고의 리더십 학교다. 광야는 낮에는 불같이 덥고, 밤에는 얼음같이 추운 곳이다. 아무도 나를 알아주지 않는, 외롭고 억울하고 위험하고 배고프고 서러운 곳이다. 광야에서 우리의 자존심은 완전히 가루가 되어 부서진다. 그곳에서 우리는 쓸데없는 것들을 다 버리는 법을 배운다. 우리 곁에 있던 기회주의자 같은 군중은 떠나고, 진정한 친구만이 남는다. 그래서 하나님께서는 지도자를 세우시기 전에 광야를 거치게 하셨다. 모세도 그랬다.

하나님의 약속과 그 약속의 성취 사이에는 반드시 인간의 인내를 요구하는 광야의 시간이 있다. 이것이 참으로 신비하다. 인간은 매사를 속히 이루기 원한다. 최연소 고시 합격, 최연소 국가대표 발탁, 최연소 박사 취득, 최연소 사장 취임. 이런 것들이 다 화제가 된다. 그러나 성급히 이룬다고 꼭 좋은 것은 아니다.

"처음에 속히 잡은 산업은 마침내 복이 되지 아니하느니라"(잠 20:21).

서둘러 이루면 그 과정이 견실할 수 없기 때문에 부실공사가 되어 나중에 사고 나기 쉽다. 이런 인간의 약함을 잘 아시는 하나님께서는 반드시 시간을 두어 인내하게 하시고, 그 시간도 대부분 힘든 광야에서 보내게 하신다. 이 시간은 저주의 시간이 아니고 오히려 하나님과 우리의 관계가 깊어지는 귀한 시간이다. 말씀이 새로워지고, 묵상이 깊어지고, 기도가 뜨거워지는 시간이다. 물론 사람마다 인내의 기간은 다르다. 하나님께서는 각 사람의 영적 체질과 수준에 적합한 인내의 터널을 주신다. 모세의 경우는 그것이 40년이었다.

모세가 자기 인생을 포기하려던 그때, 하나님께서 그를 찾아오셨다. 신음하는 2백만 유대 민족을 이끌 지도자로 세우시기 위함이었다. 인간적인 관점에서 보면 그는 은퇴할 나이가 한참 지난 노인에 불과했다. 그러나 하나님의 관점에서는 그때가 바로 하나님의 쓰임을 받기에 최고의 순간이었다.

신을 벗으라

30 사십 년이 차매 천사가 시내산 광야 가시나무 떨기 불꽃 가운데서 그에게 보이거늘

광야생활 40년째에 하나님께서 모세를 찾아오신다. 시내산 광야의 떨기나무 불꽃 가운데서 그에게 나타나셨다. 하나님께서 나타나실 때 우리에게는 거룩한 충격이 온다. 모세가 단순히 불타는 떨기나무를 보고 충격을 받은 건 아니다. 목동생활 40년에 불타는 떨기나무는 숱하게 보아왔다. 그러나 이 경우는 달랐다. 떨기나무가 타서 없어지지 않고 계속 불타고 있었다. 인간의 불이 아니라 하늘의 불이었던 것이다.

아주 평범한 것도 하나님께서 임재하시면 비범한 것으로 변한다. 예배란 그런 것이다. 찬양도, 설교도, 교회 건물도 늘 보는 것이다. 그러나 어느 순간 하나님께서 임재하시면 "하늘의 영광"이 느껴지며, 우리를 압도한다. 하나님께서 임재하는 예배에는 그런 거룩한 충격이 있다. 위로부터 내려오는 엄청난 능력이 느껴진다.

하나님의 영광스러운 임재는 우리가 하나님을 마음대로 다룰 수 없음을 보여준다. 내가 주인공이 아니다. 성공한 사람들은 항상 자신들이 주인공이 되는 것에 익숙해 있다. 스포트라이트 받는 것을 불편해하면서도 안 그래주면 은근히 섭섭하고 기분이 나쁘다. 이집트의 왕자로서 모세가 그랬을 것이다. 그러나 하나님 앞

에서는 다르다. 스포트라이트가 자기가 아닌 하나님께로 집중되는 것을 받아들여야 한다.

하나님을 만나는 예배 또한 우리가 주도권을 잡고 끌고갈 수 없다. 하나님께서 모세를 부르셨지, 모세가 하나님을 부른 게 아니다. 예배는 내가 시작한 게 아니라 하나님께서 시작하신 것이다. 예배에 대한 목마름을 성령께서 내 안에 불러 일으키셨기 때문에 예배하러 오게 된 것이다. 그러니까 예배는 하나님의 부르심에 대한 응답이다. 하나님의 살아 있는 임재를 경험할 때 우리의 영혼은 완전히 충격을 받고 변화를 받는다. 평범해 보이던 것들, 즉 우리의 찬양과 설교와 섬김이 완전히 달라진다. 말할 수 없는 하늘의 영광이 우리 위에 임한다.

31 모세가 그 광경을 보고 놀랍게 여겨 알아보려고 가까이 가니 주의 소리가 있어 **32** 나는 네 조상의 하나님 즉 아브라함과 이삭과 야곱의 하나님이라 하신대 모세가 무서워 감히 바라보지 못하더라 **33** 주께서 이르시되 네 발의 신을 벗으라 네가 서 있는 곳은 거룩한 땅이니라

하나님의 영광은 불타는 떨기나무를 통해 드러났다. 성경에서 불은 하나님의 능력을 상징한다. 무에서 유를 창조하고, 병을 치유하고, 어둠의 권세를 물리치고, 더러운 것을 깨끗하게 하고, 역사를 만들어가는 능력. 불은 우리를 한 단계 높은 차원으로 끌어

올려서 새 역사로 인도하시는 손길이기도 하다. 오순절 다락방 사건 때 내렸던 성령의 불이 초대교회를 탄생시키셨던 것처럼 말이다. 이 하나님의 불같은 임재가 그 땅을 거룩한 곳으로 만든다.

하나님께서는 모세에게 "네가 서 있는 곳은 거룩한 땅"이라고 하셨다. 하나님의 불은 마치 핵발전소와 같아서 우리가 하나님을 대할 때 조심해야 함을 나타낸다. 핵에너지를 조심스럽게 잘 사용하면 우리에게 큰 혜택을 주지만, 잘못 다루면 끔찍한 재앙이 된다. 사람이 하나님을 대할 때도 마땅히 조심스러워야 한다. 하나님은 마치 이렇게 말씀하고 계신 듯하다.

"내게 오라. 그러나 지나치게 가까이 와선 안 된다. 조심스럽고, 겸손하게 와야 한다. 정결한 마음으로 내게 와서 예배하라."

그래서 하나님께서 모세에게 신발을 벗으라고 명하셨다.

이것은 첫째, 회개와 정결의 명령이다. 세상에서 묻혀온 모든 죄의 먼지들을 떨어버리라는 것이다. 아무리 재주가 많아도 거룩이 없으면 하나님의 종이 될 수 없다. 그래서 회개가 필요하다. 하나님의 정결케하시는 거룩한 불이 우리 안의 모든 불순물을 태우고 지나가신다.

살아 계신 하나님의 성령이 우리의 속사람을 구석구석 살피심으로써 거친 것들을 드러내시고 뽑아내시는 체험을 해야 한다. 물론 처음에는 이 과정이 고통스럽다. 그러나 곧 형언하기 어려운 자유함과 기쁨이 온다.

둘째, 옛 사람의 잔재를 벗어버리라는 것이다. 과거의 상처에서 비롯된 미움과 절망과 욕심으로부터 자유하는 것이다. 과거의 습관과 인간관계와 취미생활 및 집착하던 모든 것들로부터 자유하는 것이다. 배가 큰 바다로 나가기 위해서는 부두에 연결된 밧줄을 풀어버려야 하듯이 우리를 얽매고 있는 옛 사람의 굴레로부터 자유해야 한다. 내 힘으론 안 된다. 성령께서 도와주셔야 한다.

셋째, 하나님 앞에 겸손히 나아오라는 뜻이다. 신발은 인간이 만든 것으로 인간을 보호해줄 수 있는 도구이다. 그것을 벗어버림으로써 모세는 무방비 상태가 된다. 거칠고 뱀이 나오고 뜨거운 광야에 맨발로 대책 없이 서 있게 된다. 신발을 벗고 나면 조심조심 주님 앞으로 나올 수밖에 없다. 예배란 하나님 앞에서 한없이 약해지는 것이다. 목에 힘을 빼고, 계급장을 떼고, 그분 앞에 겸손히 엎드리는 것이다. 그때 하나님께서 우리를 다시 일으켜 세우셔서 사용하실 것이다.

사람을 통해 일하시는 하나님

34 내 백성이 애굽에서 괴로움 받음을 내가 확실히 보고 그 탄식하는 소리를 듣고 그들을 구원하려고 내려왔노니 이제 내가 너를 애굽으로 보내리라 하시니라

하나님은 우리의 고통을 외면하는 분이 아니시다. 그분은 우리의 고통을 보시고, 부르짖음을 들으시고, 같이 마음 아파하고 계신다. 그래서 팔을 걷어붙이고 우리 가운데 뛰어들어와 우리를 돕기 원하신다. 하나님의 마음은 사람들을 축복하고 구원하려는 것이다.

모세는 바로 그 하나님의 마음을 자신의 마음으로 품어야 했다. 하나님의 마음을 아는 것, 그분의 눈으로 사람들을 볼 수 있는 것이 영적 지도자가 되는 첩경이다. 이전의 모세에게는 혈기는 있었지만 이 아버지의 마음이 없었다. 그래서 조급했고 거칠었다. 하나님은 광야에서 바로 그것을 고치신다. 우리 안에 있는 인격의 모난 부분들을 반드시 다루신다. 나도 목사지만 '욱' 하는 성격도 있고, 예민하고 자기중심적인 부분도 많아서 하나님께서 수없이 다루시는 것을 경험했다. 인간적인 리더십의 눈으로 보면 사람들은 야단치고 몰아붙여야 할 대상이지만, 하나님의 눈으로 보면 용서하고 품어야 할 자녀들이다. 모세는 그 마음을 품고 나서야 진짜 리더가 될 수 있었다.

하나님께서는 광야를 통해 마음이 겸손해지고, 하나님을 체험하여 하나님의 마음을 알게 된 사람에게 그분의 일을 맡기길 원하신다. 34절 후반부에서 하나님께서는 "이제 내가 너를 애굽으로 보내리라"라고 하셨다. 간단하게 말씀하셨지만 얼마나 엄청난 일인가. 당시 세계 최강대국인 이집트 제국 한복판에서 노예생활하고 있는 2백만의 유대 민족을 해방시켜 데리고 나오는 일이다. 그러기 위해선 당시 최첨단 무기로 무장한 이집트의 막강한 군대를 궤멸시켜야 하고, 사람들을 데리고 홍해를 건너 지도나 네비게이션도 없이 광활한 시나이 반도를 거쳐 움직여야 했다. 게다가 그 광야에서 몇 년 동안 그들을 먹여살릴 식량과 물이 있어야 했다.

그런데 그 엄청나게 복잡하고 힘든 일을 하나님께서는 마치 피자 한 판을 시키는 것처럼 쉽게 말씀하신다. 하나님께는 일이 얼마나 크냐, 얼마나 어렵고 힘드냐가 중요치 않다. 중요한 것은 우리의 마음이다. '우리의 마음이 겸손하고 진실하여 철저하게 하나님의 마음과 하나가 되어 있는가'가 확실하면 그분은 어떤 역경도 능히 돌파할 수 있는 힘을 우리에게 실어주신다.

출애굽기 4장 2절에서 하나님께서 모세에게 말씀하셨다.

"네 손에 있는 것이 무엇이냐?"

그러자 모세는 걸을 때 땅을 짚거나 양을 돌볼 때 쓰던 지팡이를 들어보였다. 그것은 오래전 모세가 이집트 왕자였을 때 휘두르던 그런 홀이 아니었다. 황폐한 산에서 아무렇게나 굴러다니던 생명력 없는 작대기에 불과했다.

영화 〈십계〉에 보면 찰톤 헤스톤이 든 지팡이는 배우의 키보다도 큰 장대하고 위엄 있어 보이는 나무다. 그러나 실제 모세가 썼던 지팡이는 당시 중동의 양치기들이 쓰던, 길이 1미터도 안 되는 작은 나무토막에 불과했다.

늙은 모세가 그것을 들고 서면 키 큰 찰톤 헤스톤의 멋있는 포스와는 전혀 다른, 동네 할아버지가 든 지팡이의 가련함만 느껴졌을 것이다. 그것은 늙고 힘없는 모세의 모습과도 같았다. 우리가 하나님께 드릴 수 있는 것은 이처럼 미약하다.

그런데 하나님께서는 그 보잘것없는 지팡이를 하나님의 지팡이로 만드셨다. 훗날 이집트의 바로 왕 앞에서 뱀으로 변하고, 홍해를 가르고, 광야의 바위에서 물이 터져 나오게 하는 엄청난 기적의 지팡이가 된다.

"모세야, 네 손에서 이집트 왕자의 황금홀을 치우고, 대신 상함과 약함과 아픔을 상징하는 작은 지팡이를 쥐어주었다. 그것은 소망이 이뤄지지 않는 황폐한 광야에서 취한 것이다. 그러나 이제는 내가 그것을 나의 지팡이로 바꿀 것이다. 또한 너의 약함도 강함으로 바꾸고, 너의 약한 마음도 나에 대한 확신과 용기로 바꿀 것이다. 40년 전 이스라엘 사람들은 '누가 너를 우리의 관리와 재판장으로 세웠느냐' 하면서 너의 리더십을 거절했다. 그러나 이제 나 만군의 여호와가 너를 그들의 지도자로 세운다. 아무도 너의 권위를 거스르지 못할 것이다. 사람을 두려워하지 말아라."

어떻게 두려워하지 않을 수 있는가? 하나님께서 함께하심을 믿기 때문이다.

"하나님이 이르시되 내가 반드시 너와 함께 있으리라"(출 3:12).

하나님께서는 그분이 함께하시지 않으면 불가능한 일을 우리에게 맡기신다. 우리에게 주시는 사명은 항상 하나님 사이즈다. 어려운 것이 아니라 아예 불가능한 것일 때도 있다. 그래서 하나님께서는 우리에게 사명을 주실 때 "내가 너와 함께할 것이다"라는 말씀을 같이 주신다. 당신은 일이 많아서 두려운 게 아니고, 하나님께서 함께하신다는 확신이 없어 두려운 것이다. 혼자 그 힘든 짐을 감당해야 한다고 생각하니 두려운 것이다. 두려움은 불신앙의 산물이고, 용기는 믿음의 산물이다.

하나님께서는 사람을 통해 일하신다. 7년 대흉년을 앞에 둔 이집트를 위한 하나님의 대책은 '요셉'이었다. 그로부터 4백 년 뒤, 세계 최강대국인 이집트의 노예가 되어 절망 속에 살던 히브리 민족들을 구해낼 하나님의 대책은 '모세'라는 한 사람이었다. 하나님은 영이시기 때문에 항상 사람을 통해 일하신다. 우리는 힘든 상황이 벌어지면 "대책이 없다"라고 말한다. 그러나 하나님께서 말씀하신다.

"네가 바로 나의 대책이다."

하나님께서는 당신이 택한 자에게 가장 정확한 타이밍에 말씀하신다. 그리고 인간의 야심이 아닌 하나님의 비전을 주신다. 그분이 말씀하신다.

"이 타락하고 힘을 잃은 한국 사회를 고치기 위한 나의 대책, 그것은 바로 너다. 일어나라, 빛을 발하라!"

하나님의 부르심에 응답하자.

행 7:37-50

10 증거의 장막

우상숭배와 징벌

39 우리 조상들이 모세에게 복종하지 아니하고자 하여 거절하며 그 마음이 도리어 애굽으로 향하여

이스라엘 백성들 중 어떤 이들은 처음부터 작정하고 모세의 리더십에 반항했다. 사탄은 이스라엘 백성 중에 불평의 세력을 심어 놓았고, 그들은 애굽에서 나오던 때부터 끊임없이 모세를 원망했다. 애굽의 군대가 홍해를 앞두고 추격해왔을 때도 그랬고, 홍해를 건너왔을 때의 기쁨도 잠시, 광야에서 먹을 것이 없으니 또 원망했다. 그들은 압제받던 애굽의 생활을 그리워했다. 애굽으로 돌아가겠다는 말을 입에 달고 살았다.

완벽한 조직이나 사람이 어디 있겠는가. 장점이 있으면 항상 단점이 있게 마련인데 불평과 원망에 사로잡힌 사람들 눈에는 항상 단점만 보인다. 그리고 단점을 강하게 지적하면 설득력이 있어 보인다. 그 말대로라면 리더는 참으로 나쁜 사람 같고, 이대로 가면 조직은 망할 것 같다. 그래서 불평의 세력은 그 규모가 작더라도 순식간에 확산될 정도로 영향력이 있다.

사탄은 이것을 교묘하게 이용한다. 시작은 별 것 아닌데 큰 불로 번져 가게 한다. 그러니 부정적인 생각은 시작부터 끊어버리라. 아주 지적이고 멋있게 들리지만 최후는 늘 비참하다. 교회를 시험 들게 하고 어지럽게 하는 마귀의 공작은 항상 소수의 불평과 비판으로 시작된다.

40 아론더러 이르되 우리를 인도할 신들을 우리를 위하여 만들라 애굽 땅에서 우리를 인도하던 이 모세는 어떻게 되었는지 알지 못하노라 하고

출애굽기 32장을 보면 십계명을 받으러 시내산에 올라간 모세가 내려올 때가 다 되었는데도 이들은 그 며칠을 참지 못하고 조바심을 내어 우상을 만들었다. 애굽 땅에서 자신들을 구해낸 하나님의 종 모세를 모른다고 했던 이들처럼 예수님 당시의 유대인들은 구원자이신 예수님을 버렸다.

41 그때에 그들이 송아지를 만들어 그 우상 앞에 제사하며 자기 손으로 만든 것을 기뻐하더니

모세가 시내산 위에서 "너는 나 외에는 다른 신들을 네게 두지 말라"(출 20:3)라는 하나님의 거룩한 음성을 듣고 있을 때, 산 밑에서는 이스라엘 백성들이 아론을 압박하여 금송아지를 만들고 있었다. 그리고 그 우상이 '애굽 땅에서 이스라엘을 이끌어낸 자신들의 신'이라며 절하고 춤추며 기뻐했다. 저들은 가장 거룩한 시간에 가장 더러운 죄를 저지른 것이다. 이 송아지 숭배는 이스라엘 사람들이 애굽에서 사는 동안 보았던 아피스(Apis) 신 숭배와 연관이 있다.

우상의 특징은 인간이 손으로 만들었다는 거다. 그리스나 로마의 고대 유적을 돌아보면 사람 사는 곳에서는 다 신상을 만들었다는 공통점을 발견하게 된다. 재미있는 것은 인간이 자기가 만든 신상 앞에 가서 절을 하고 예배를 드린다는 거다. 스스로 만든 신상이 무슨 힘이 있다고 거기에 절을 하며, 재앙으로부터 지켜주고, 소원을 들어달라고 예배를 드리는가. 우상은 아무 힘이 없다.

"그들의 우상들은 은과 금이요 사람이 손으로 만든 것이라 입이 있어도 말하지 못하며 눈이 있어도 보지 못하며 귀가 있어도 듣지 못하며 코가 있어도 냄새 맡지 못하며 손이 있어도 만지지 못하며 발이 있어도 걷지 못하며 목구멍이 있어도 작은 소리조차 내지 못하느니라 우상들을 만드는 자들과 그것을 의지하는 자들이 다 그와 같으리로다 이스라엘아 여호와를 의지하라 그는 너희의 도움이시요 너희의 방패시로다"(시 115:4-9).

그런데 주목할 것은 출애굽기에 보면 이스라엘 백성들이 스스로 만든 금송아지 우상을 '여호와'라고 불렀다는 사실이다. 하나님을 안 믿는 사람들이 우상을 만든 것이 아니라 믿는 이스라엘 백성들이 만들었다. 그리고 여호와의 날에 그 앞에서 제사를 드리며 열광했다. 그러나 그들이 아무리 열광해도 그 행위는 하나님과 아무런 상관이 없었다. 그들이 예배한 것은 실제의 하나님이 아니라 그들의 욕망과 조급함이 만들어낸 황금덩어리에 불과했기 때문이다. 우상은 인간 내부의 욕구가 흘러나와 만들어낸 것이다.

43 몰록의 장막과 신 레판의 별을 받들었음이여 이것은 너희가 절하고자 하여 만든 형상이로다 내가 너희를 바벨론 밖으로 옮기리라 함과 같으니라

이 구절은 아모스서 5장 26절을 인용한 것으로 이스라엘의 우상숭배 죄를 책망하고 있다. "몰록"은 암몬족의 국가신으로, 황소머리에 사람의 형상을 하고 있으며, 어린아이를 희생제물로 바치게 하는 끔찍한 종교였다. "레판의 별"은 잔인하고 폭력적인 앗수르인들이 숭배하던 토성을 가리킨다.

이 종교들의 예배행위는 사람을 제물로 바치는 잔인한 것들이었고, 사제들은 거의 창녀처럼 음란하게 행했다. 거기다 엄청난 돈을 요구했다. 이처럼 욕심과 폭력과 음란이 뒤섞여 표출된 것이 바로 이방종교들이었다.

하나님께서는 이스라엘이 이런 이방종교들을 따라 우상숭배하는 것을 결코 용서하지 않으셨다. 십계명의 2계명을 보면 "너희는 나를 비겨서 은으로나 금으로나 너희를 위하여 신상을 만들지 말고"(출 20:23)라고 했다. 하나님께서는 어떤 모양으로든 당신의 신상을 만들지 말라고 하셨다. 그분은 시간과 공간을 초월하는 분이시기에 이 세상의 그 무엇으로도 표현될 수 없다. 하나님은 그저 하나님으로 대해 드려야 한다. 누구든지 하나님의 신상을 만드는 순간, 그는 하나님과 전혀 무관한 자기 숭배자가 되는 것이다.

우리의 문제는 하나님을 안 믿는 것이 아니라 하나님을 내 식으로 믿는다는 데 있다. 하나님의 관점에서 하나님을 보지 않고, 내 관점에서 본다. 하나님을 소유하려고 하고, 부리려고 한다. 내 고집과 생각대로 그림을 짜놓고, 하나님의 인증도장만 받으려 한다. 하나님을 내 편으로 끌어들이려고만 한다.

하나님을 일주일에 한 번, 주일에 열어보는 서랍에 넣어둔다. 나머지 6일 동안은 내 인생에 참견하지 말고 가만히 계시라는 것이다. 그리고 주일에 와서 기도할 때 "하나님, 잘 계셨어요?"라고 한다. 이런 식으로 하나님을 믿으면 절대 안 된다. 하나님은 24시간, 일주일 내내, 우리가 어디에 가서 무엇을 하든지 우리 삶의 전부를 다스리시는 분이다.

42 하나님이 외면하사 그들을 그 하늘의 군대 섬기는 일에 버려두셨으니

이는 선지자의 책에 기록된 바 이스라엘의 집이여 너희가 광야에서 사십 년 간 희생과 제물을 내게 드린 일이 있었느냐

여기서 "하늘의 군대"란 자연계의 피조물들, 즉 해와 달과 별들을 가리킨다. 미국과 영국 같은 서구 선진국들에서도 "호로스코프(horoscope)"라고 하여 별자리로 자신의 운세를 점치는 것이 오래된 관습으로 자리잡고 있다(생년월일을 가지고 띠를 정하고 오늘의 운세를 보는 한국문화와도 비슷하다).

결론부터 말하면 다 거짓이다. 이런 우상 신앙들의 공통점은 두려움의 영을 심는 것이다. 첨단문명의 시대인 오늘날에도 수많은 사람들이 악령의 지배를 받기 때문에 두려움에 떨며 산다. 배웠다는 사람들이 그 세련된 드라마를 찍으면서도 돼지머리를 상에 올려놓고 제사를 지낸다(촬영 중 사고 나지 않게 해달라고 빌고, 대박 나게 해달라고 빈다). 이런 무속신앙에 사로잡히니까 동서남북을 재가면서 자야하고, 이사도 마음대로 못한다. 결혼할 때도 귀신의 허락을 받아야 한다(어느 날이 길일인지, 궁합이 어떤지 본다). 예수를 믿고 나서도 이 문화를 떨쳐 버리지 못한 사람들은 "교회에 다니지만 미신에서 안 좋다고 하는 것은 하지 않는 게 좋다"라고 말한다.

이런 무속신앙과 우상숭배의 공통점은 다 인간의 두려움을 악용한다는 것이다. 그렇게 벌기 힘든 돈을 수천만 원씩 들여서 굿을 하는 데 아낌없이 바친다. 예수를 믿은 지 한참 됐는데도 여전

히 몸에 부적을 몇 개씩 지니고 다니는 사람을 보았다. 사고와 위험으로부터 자신을 지키기 위해서다. 하나님 없이 사는 인생은 이렇게 비참하다. 노예생활을 하면서도 그것이 좋다고 하고, 이 모든 것으로부터 자유를 주시는 예수님을 믿으라고 하면 주저한다. 우리는 예수님을 구주로 영접하는 순간, 이 가당치 않은 악령의 지배와 모든 미신과 두려움의 영으로부터 해방되었음을 믿는다.

우상숭배자들에게 주어지는 하나님의 징벌이 있다. 첫째는 보호막을 걷으시는 것이다. 42절에 보면 하나님께서 그들을 '외면하셨다(God turned away)'. 심판의 시작은 내버려두는 것이다. 이는 하나님의 은혜의 보호막을 걷어버리심을 뜻한다. 하나님의 백성이 하나님의 보호막 없이 산다는 것은 정말 끔찍한 일이다. 악의 세력 앞에 그대로 노출되기 때문이다.

둘째는 약속의 땅에서 추방당하는 것이다. 43절에서는 "내가 너희를 바벨론 밖으로 옮기리라"라고 했다. 이는 이스라엘의 우상숭배에 대한 하나님의 징계 선언이다. 마치 선악과를 먹은 아담과 하와가 에덴동산에서 쫓겨난 것과 같다. 그럼에도 불구하고 저들은 끝까지 돌이키지 않았고, 결국 예언대로 바벨론에게 멸망당하고 포로가 되어 끌려갔다.

하나님께서는 이스라엘이 광야생활 40년간 희생과 제물을 하나님께 드린 일이 없다고 질책하신다.

"이스라엘의 집이여, 너희가 광야에서 사십 년간 희생과 제물을 내게 드린 일이 있었느냐?"

사실 드린 일이 없는 것은 아니었다. 하지만 하나님께서는 마음이 떠난 제사를 받지 않으신다. 예배는 내가 드림으로 완성되는 게 아니라, 하나님께서 받으심으로 완성된다. 참된 예배는 보이는 형식에 있는 게 아니고 마음에 있다. 이스라엘 백성들이 드린 예배는 자기 이익을 위하여 하나님을 이용하는 예배였다. 이런 사람에게는 일은 있어도 감격이 없다. 기쁨도, 축복도, 보람도 없다. 하나님께 하나 드렸으니 나도 하나 받아야 한다는 주고받는 관계가 있을 뿐이다.

광야교회와 증거의 장막

38 시내산에서 말하던 그 천사와 우리 조상들과 함께 광야교회에 있었고 또 살아 있는 말씀을 받아 우리에게 주던 자가 이 사람이라

여기서 "광야교회(the assembly in the desert)"란 출애굽 후 광야에서 생활했던 하나님의 백성, 곧 이스라엘 백성 전체의 모임을 가리킨다. 이것을 스데반이 굳이 "교회"라고 부른 것은 광야에서의 이스라엘 백성들이 신약시대 초대교회의 그림자였음을 말하고자 함이었다. 교회는 건물이 아니라 사람이다. 모세로부터 하나님의 말씀을 받은 이스라엘 백성들이 광야교회의 구성원이었던 것처

럼 오늘날 예수께로부터 복음을 받은 성도의 무리가 곧 교회이다.

그리고 광야교회 목사, 모세를 보게 된다. 여기서 "살아 있는 말씀(living words)"이라는 표현에 주목하라. 광야는 하나님께서 우리에게 말씀하시는 곳이라는 의미다. 폴 틸리히(Paul Tillich)는 "연인의 첫 번째 의무는 먼저 상대의 이야기를 들어주는 것이다"라고 했다. 그런데 오늘날 하나님의 사람들은 하나님의 음성을 듣는 것을 소홀히 한다. 영적 지도자들이 하나님의 음성에 깊이 귀 기울이지 않는다면 어떻게 다른 이들을 가르치고 충고할 수 있겠는가!

우리는 광야에서 첫째, 기도를 통해 하나님의 음성을 듣는다. 기도는 우리의 요구를 마구잡이로 하나님 앞에 내어놓는 것이라기보다는 하나님의 음성을 듣는 것이다. 완전히 순종할 자세를 가지고 하나님의 방향 제시를 기다리는 것이다. 그러므로 자기가 모든 것을 다 할 수 있다고 믿는 교만한 사람은 절대 기도하지 못한다. 능력 있는 기도는 뼈를 깎는 광야생활을 통해서 만들어지기 때문이다.

둘째, 말씀을 통해 하나님의 음성을 듣는다. 기도와 말씀은 떼려야 뗄 수 없는 동반관계다. 모세는 구약성경의 처음 5권을 썼다. 광야생활 40년 동안 날마다 하나님께서 모세에게 말씀하신 것을 받아 적은 것이다. 광야에서 이스라엘 사람들은 하늘에서 내리는 만나를 먹고 살았는데, 이것은 말씀을 상징한다.

고통 속에서 주시는 말씀은 영혼 깊숙이 각인되어 떠나지 않는다. 광야에 있을 때는 정말 말씀이 달고 능력 있게 느껴진다. 그리고 내 인생을 영원히 바꿔 놓는다. 정말 한 자 한 자 말씀이 살아서 내 영혼 속에 들어오기 때문에 "살아 있는 말씀"이 된다.

44 광야에서 우리 조상들에게 증거의 장막이 있었으니 이것은 모세에게 말씀하신 이가 명하사 그가 본 그 양식대로 만들게 하신 것이라

여기서 "증거의 장막"은 모세가 시내산에서 하나님으로부터 받은 십계명의 돌판을 보관한 장막을 말한다. 하나님께서 임재하시어 이스라엘 백성들과 만나는 장소였기 때문에 '만남의 장소'라는 뜻의 '회막(The Tent of Meeting)'이라고도 불렸다. 교회는 하나님과 사람이 만나는 곳이다.

이것은 아론의 금송아지와는 달리 모세가 자기 맘대로 만든 것이 아니라 하나님께서 지시하신 그대로 만든 것이다. 예배의 주체는 하나님이시며, 예배의 아젠다도 하나님께서 정하신다. 교회는 하나님께서 이끌어가신다.

45 우리 조상들이 그것을 받아 하나님이 그들 앞에서 쫓아내신 이방인의 땅을 점령할 때에 여호수아와 함께 가지고 들어가서 다윗 때까지 이르니라

증거의 장막의 특징은 어떤 특정한 장소에 붙박이로 머물러 있지 않고 움직인다는 것이다. 그야말로 모바일 교회다. 예루살렘

성전 자체를 우상시했던 이스라엘 백성들의 생각과는 다르다. 어제까지 우상을 숭배하던 땅이라도 하나님의 궤가 도착해서 그 궤를 중심으로 성막이 세워지면 하나님께서 임재하시는 거룩한 땅이 되었다.

증거의 장막이 움직인다는 것은 하나님께서 우리가 언제 어디서 무엇을 하든지 동행하시는 분임을 말한다. 단순히 교회 다니는 것과 동행하는 것은 다르다. 동행하는 것은 24시간 함께하는 것을 뜻한다. 신앙이란 단순히 교회 다니는 게 아니라, 하나님과 동행하는 것이다.

"받아"라는 말의 원어는 '계승하다'라는 뜻이다. 하나님의 임재를 상징하는 증거의 장막은 모세에게서 여호수아에게로 넘겨졌고, 여호수아는 그것을 약속의 땅으로 가지고 들어갔으며, 다윗에게까지 전해졌다. 이처럼 증거의 장막은 단순히 지리적으로 움직일 뿐 아니라 시간적으로도 움직였다. 믿음은 믿음의 자손들을 통해서 계속 계승된다. 교회 건물을 물려주는 게 아니라 믿음을 물려주는 게 중요하다.

46다윗이 하나님 앞에서 은혜를 받아 야곱의 집을 위하여 하나님의 처소를 준비하게 하여 달라고 하더니 **47**솔로몬이 그를 위하여 집을 지었느니라 **48**그러나 지극히 높으신 이는 손으로 지은 곳에 계시지 아니하시나니 선지자가 말한 바 **49** 주께서 이르시되 하늘은 나의 보좌요 땅은 나의 발등상이니 너희가 나를 위하여 무슨 집을 짓겠으며 나의 안식할 처소가 어디냐 **50** 이 모든 것이 다 내 손으로 지은 것이 아니냐 함과 같으니라

하나님의 마음에 합한 사람 다윗은 왕이 된 후 자신은 호화로운 왕궁에서 사는데 하나님의 성막은 초라한 것이 마음 아팠다. 그래서 크고 견고한 장막, 즉 성전을 건축하고자 마음먹고 선지자 나단을 통해 하나님의 뜻을 물었다(삼하 7:2). 그러나 하나님께서 허락하지 않으셨다. 다윗이 전쟁을 통해서 손에 피를 많이 묻혔기 때문이다. 하나님께서는 그 피 묻은 손으로 성전을 건축하는 일을 허락하지 않으신 것이다.

다윗은 대신 자신의 아들 솔로몬이 성전을 지을 것이라는 하나님의 예언을 받았다. 이에 다윗은 아들 솔로몬이 성전을 건축할 수 있도록 모든 재료를 준비해놓고 죽는다. 덕분에 솔로몬은 어렵지 않게 성전을 건축할 수 있었다. 그가 건축한 성전은 당시 가장 비쌌던 레바논 백향목에 황금을 입힌 크고 놀라운 건축물이었다. 20만 명에 달하는 일꾼들이 밤낮으로 일하여 7년만에 완공된 엄청난 걸작품이었다.

그런데 놀라운 것은 하나님께서 그 좋은 건물에 계시지 않으셨다는 거다. 성전을 지은 다윗과 솔로몬의 마음이 나빠서도 아니고 성전이 좋지 않아서도 아니다. 스데반이 강조하고자 하는 것은 하

나님께서는 인간이 만든 공간에 갇히시는 분이 아니라는 사실이다. 인간이 아무리 최고의 건물을 짓는다 한들 온 우주를 가득 채우시는 전능자 하나님께서 어찌 그 안에만 계실 수 있겠는가! 그래서 하나님께서는 애초부터 성전 짓는 것을 원하지 않으셨다. 다윗의 마음을 보시고 허락하신 것뿐이다.

이제 이스라엘 백성들은 예배드리기에 최고의 환경과 격식을 갖추게 되었다. 그러나 기회가 위기가 될 때도 있다. 가난하고 고생스럽던 시절에는 괜찮았던 사람이 성공한 뒤부터는 타락하는 경우가 많은 것처럼. 이스라엘 백성들은 항상 이동해야 하는 광야교회를 뒤로 하고 화려하고 웅장한 성전, 움직이지 않는 붙박이 성전을 가짐으로써 오히려 무소부재하신 하나님을 건물 안에 가둬버리는 어리석음을 범하고 만다. 실제로 하나님께서 갇히셨다는 말이 아니라 이스라엘 백성들이 착각하기 시작했다는 뜻이다.

그들은 성전 안에서 행하는 종교행위만으로 하나님께 대한 자신들의 의무를 끝냈다고 생각했다. 성전 밖에서 그들의 생활 속에 임하시는 하나님의 임재를 깨닫지 못했다. 하나님을 교회 건물에 가둬두고 있는 사람은 주일에 한 번 예배드리는 것으로 신앙의 의무를 완수했다고 생각한다. 그래서 가정과 직장과 사회에서의 삶에서 하나님의 다스리심을 받으려 하지 않는다. 이것이 오늘날 많은 한국교회 크리스천의 문제이기도 하다.

이 광야교회, 움직이는 모바일 교회의 개념을 묵상하면서 건물 없는 개척교회 목사인 나는 신이 났다. 건물 없는 설움이 싹 달아나 버렸다. 하나님께서는 붙박이 성전 대신 우리 각자가 성전이 되게 하셨다. 성전은 하나님의 영이 가득한 곳이다. 그래서 예수 믿고 거듭난 우리 한 사람 한 사람이 하나님의 성전인 것이다.

"너희는 너희가 하나님의 성전인 것과 하나님의 성령이 너희 안에 계시는 것을 알지 못하느냐"(고전 3:16).

하나님께서는 우리 자신이 어디로든 이동할 수 있는 증거의 장막, 움직이는 모바일 성전이 되길 원하신다. 그래야 우리가 어떤 물리적 공간이라는 우상에 빠지지 않고, 어디로 가든 어디에 있든 하나님과 살아 있는 관계를 맺을 수 있기 때문이다. 건물은 필요에 따라 얼마든지 고쳐 쓸 수 있고, 옮겨갈 수 있다. 중요한 것은 우리의 마음과 삶이 성령님께 지배당하는 것이다.

모세와 여호수아, 다윗을 보라. 그들은 증거의 장막을 지키고 그것을 가지고 이동한 사람들이었고, 그 자신들이 하나님의 움직이는 성전의 삶을 살았다. 날마다 말씀을 듣고 묵상하며, 항상 기도하는 사람들이었다. 그리고 그런 종들이 구심점이 되기만 하면 하나님께서는 그곳이 어느 곳이든 은혜를 부어주셨고, 교회가 살아나게 하셨다.

행 7:51-8:3

11 첫 순교자

성령을 거스르는 사람들

7장 전체를 메우는 스데반의 긴 설교는 거짓 증인을 세우면서까지 스데반을 몰아붙인 유대인들의 고발에 대한 답변이었다. 유대인들은 왜 그렇게 스데반을 싫어했을까? 예수께서 예루살렘 성전을 무너뜨리겠다는 말씀과 모세의 율법을 고치겠다고 하신 말씀을 그가 전했다는 것이 죄목이었다. 유대인들은 하나님께서 예루살렘 성전 안에만 계시는 것으로 믿어 왔기 때문이다.

그러나 예수께서 "이 성전을 헐라 내가 사흘 동안에 일으키리라"(요 2:19)라고 하신 말씀은 예루살렘 성전을 두고 하신 것이 아니라 십자가에 못 박혀 돌아가셨다가 사흘 만에 부활하실 것을 가리킨 말이었다. 인간에 의해 건축된 예루살렘 성전은 이 땅에 오실 예수 그리스도의 모형에 지나지 않았다. 진짜가 오면 모형은 더 이상 필요가 없다. 이전까지는 예루살렘 성전 안에서 짐승을 죽여 인간의 죄를 대속하는 제사를 드렸다. 그러나 예수께서 온 인류의 죄를 대속하는 제물로 십자가에서 돌아가신 뒤부터는 더 이상 짐승으로 제사를 드릴 필요가 없어졌다.

모세가 전해준 복잡한 제사법은 예수님의 십자가 죽음으로 인해 간단하게 정리되었다. 그래서 예수께서 "나는 율법을 완성하러 왔다"고 하신 것이다(마 5:17 참조). 예수님은 모든 인간이 하나님을 만나는 통로가 되시는 진정한 성전이셨다.

스데반의 긴 설교를 훑어보면 그가 유대인들의 그릇된 성전관을 질타하고 있음을 알게 된다. 믿음의 조상 아브라함이 갈대아 우르에 있을 때부터 그와 함께 계셨던 하나님께서는 약속의 땅까지 동행하셨고, 이집트에 종으로 팔려가는 요셉과 동행하사 이집트에 계셨다. 나일강에 버려진 모세와 함께하신 하나님께서는 이집트 왕궁에서 광야로, 광야에서 다시 이집트로, 이집트에서 다시 광야로 이동하는 모세와 평생을 동행하셨다. 모세 이후 증거의 장막이 여호수아에서 다윗과 솔로몬으로 계승될 때도 하나님께서는 항상 움직이시며 그분의 자녀들과 함께 계셨다.

즉 스데반은 하나님께서 한정된 공간과 시간에 갇혀 계시는 분이 아니라 어떤 상황에서도 우리와 동행하시는 분이라는 것을 이스라엘 조상들의 역사를 통해서 입증하려 했다. 하나님께서 모세에게 만들게 한 장막은 붙박이 건물이 아니라 항상 이동할 수 있는 성전이었다. 그런데 유대인들은 하나님을 한정된 건물 안에 가둬놓고, 자기 이익에 따라 필요한 때만 하나님을 부려 먹으려고 했다. 신앙 따로, 삶 따로 였다. 그러나 예수께서 오시고 성령께서 강림하시면서, 그들은 예수님 안에서 자기 자신이 성전이 되어야 하는 새로운 신앙으로 가야만 했다.

51 목이 곧고 마음과 귀에 할례를 받지 못한 사람들아 너희도 너희 조상과 같이 항상 성령을 거스르는도다

스데반은 설교를 듣고 있는 이들, 거짓 중인을 내세워 자신을 고발한 사람들에게 카운터펀치를 날린다. '목이 곧다'는 것은 마음이 강퍅하고 완고하다는 뜻이다. 그들은 자기 의로 가득차서 하나님 앞에 머리 숙이지 않았다. 교만과 독선이 가득했다. 스데반의 긴 설교를 남의 이야기처럼 듣고 있던 청중들은 갑자기 설교의 결론이 자신들을 야단치는 걸로 맺어지자 충격을 받았다.

"마음과 귀에 할례를 받지 못한 사람들아." 할례는 모든 이스라엘 남자들이 태어난 지 8일이 되면 그 생식기에 행하는 표식이다. 하나님의 언약을 받은 하나님의 백성들이라는 증거다. 그러나 그들은 육체의 할례는 받았으나 마음의 할례는 받지 못했다. 살아

있는 하나님의 말씀은 외면하면서 단지 몸에 할례를 받았다는 이유만으로 자신들이 선택된 민족이라는 영적 교만에 빠져있었다. 그것은 사랑이 없으면서 결혼반지만 갖고 있는 것과 같다. 실력도 없으면서 국가대표 유니폼만 입고 있으면 다 되는 줄로 아는 것과 같다. 진심이 없는 이중적 신앙이었다.

스데반은 겁도 없이 자기를 죽이려는 사람들을 야단쳤다.

"너희도 너희 조상과 같이 항상 성령을 거스르는도다."

역사는 반복된다. 대를 이어가면서 계속 성령을 거슬렀던 이스라엘 백성들의 한심함이 드러난다. 여기서 '성령을 거스르는 것'은 성령의 리더십에 불순종한다는 뜻인데, 구체적으로 그것이 어떤 것인지는 스데반의 설교에서 찾아볼 수 있다.

52너희 조상들이 선지자들 중의 누구를 박해하지 아니하였느냐 의인이 오시리라 예고한 자들을 그들이 죽였고 이제 너희는 그 의인을 잡아준 자요 살인한 자가 되나니

성령을 거스르는 가장 큰 증거는 하나님의 말씀을 전하는 선지자들을 핍박하는 것이었다. 하나님께서는 수많은 선지자들을 보내서 예수 그리스도께서 오실 것이라는 말씀을 유대인들에게 전했다. 그러나 유대인들은 그 선지자들을 박해하고, 감옥에 가두고, 잡아 죽이기까지 했다. 말씀이 싫으면 말씀을 전하는 자도 싫은 법이다.

53 너희는 천사가 전한 율법을 받고도 지키지 아니하였도다 하니라

두 번째 표식은 말씀을 받고도 지키지 않는 것이다. 말씀을 제대로 받으면 말씀을 지킨다. 말씀을 지킨다는 것은 그대로 실천한다는 뜻이다. 말씀을 받아만 놓고 지키지 않으면 아무 소용이 없다. 약을 손에 들고 먹지 않는 것과 같다. 아무리 좋은 약도 먹지 않으면 무슨 소용이 있겠는가.

말씀을 지키는 것은 하나님을 위함이 아니라 우리를 위함이다. 우리가 말씀을 지킬 때 살아 계신 하나님의 영이 우리 안에서 살아 역사하시게 된다. 그러면 죽은 영혼이 살아나고, 상처가 치유되며, 거룩한 능력을 발하게 된다. 그러나 반대로 말씀을 지키지 않으면 영혼이 타락하고 죽어가게 된다.

54 그들이 이 말을 듣고 마음에 찔려 그를 향하여 이를 갈거늘

세 번째 표식은 말씀 앞에 회개하지 않는 것이다. "마음에 찔려"는 마치 톱으로 잘라내는 듯한 아픔을 마음에 느꼈음을 뜻한다. 말로 할 수 없는 격렬한 분노를 뜻한다. "그를 향하여 이를 갈거늘"은 무서운 맹수가 화났을 때 이를 가는 것 같은 사나운 모습이다. 그들은 이미 이성을 잃고 있었다는 얘기다. 당시 청중이 스데반의 말을 듣고 얼마나 분노와 악의로 가득 차 있었는지를 보여준다.

우리 모두 살아가면서 실수하고 잘못할 수 있다. 그러나 성령충

만한 사람과 그렇지 않은 사람의 차이는 자기 잘못을 남이 지적했을 때 어떻게 반응하느냐에서 드러난다. 같은 잘못이라도 자기가 깨달아야지, 남이 지적하면 화를 내게 마련이다. 기분이 좋지 않고, 자존심이 상한다. 창피하고 분해서 잘못을 지적한 사람에게 복수하고 싶은 마음까지 든다.

문제는 사람이 아닌 하나님의 말씀에 지적받았을 때도 성령충만하지 않은 사람은 그런 식으로 사납게 저항한다는 것이다. 하나님의 말씀은 어떤 CCTV보다 더 무섭고 정확하게 우리 영혼의 상태를 드러낸다.

"하나님의 말씀은 살아 있고 활력이 있어 좌우에 날선 어떤 검보다도 예리하여 혼과 영과 및 관절과 골수를 찔러 쪼개기까지 하며 또 마음의 생각과 뜻을 판단하나니"(히 4:12).

스데반은 살아 있는 하나님의 말씀을 가감 없이 그대로 전했고, 사람들은 자신들의 추악한 실체가 말씀에 지적당하자 놀라고 분노했다. 그리고 말씀을 전한 스데반을 잡아먹을 듯 노려보면서 분노를 폭발시켰다. 그러나 만약 그들이 성령충만한 사람이었다면 반응이 달랐을 것이다.

구약시대 다윗 왕을 보라. 나는 새도 떨어뜨리는 권력자였지만, 하나님의 선지자 나단이 밧세바와 간음하고 남편 우리야를 죽인 죄를 지적하니까 그 자리에서 엎드려 통곡하며 회개했다. 그래서 다윗은 용서를 받고, 축복을 받은 것이다. 그러나 하나님의 성령을 거스르는 사람들은 말씀이 자신의 죄를 지적할 때 회개하는 것이 아니라 분노하고 반항한다.

그들은 대제사장이나 율법학자도 아닌 스데반 같은 평범한 사람이 하나님의 말씀을 전하며 자신들의 어두움을 드러내는 것을 견딜 수 없었다. 복음서를 읽어보면 예수께서 사역하실 당시 종교지도자들이 예수께 와서 "당신이 무슨 권위로 이런 것들을 가르치고 이런 일들을 행하는가?"라며 따진 적이 있다.

종교지도자들은 대제사장과 서기관과 장로들로서 좋은 집안에서 태어나 엄격한 훈련을 통해 다듬어진 사람들이었다. 그들의 권위는 혈통과 전통, 성경지식과 연륜에서 나왔다. 그들은 자신들에게 '정통성'이 있다고 생각했다. 그런데 예수님의 등장으로 자신들의 정통성과 권위가 송두리째 흔들린 것이다.

갑자기 사람들이 자신들의 메마른 강론보다는 예수님의 살아있는 말씀을 듣고, 예수님의 기적들에 감탄하고, 하나님을 찬양하기 시작한 것이다. 엄청난 위기의식을 느낀 그들은 자신들의 영적 오만과 위선을 회개하는 대신 정통성 문제를 들이대며 예수님을 압박했다.

그러나 이들은 영적 정통성이란 하나님께서 결정하시는 것이지 사람이 결정하는 것이 아니라는 사실을 간과했다. 처음 하나님의 부르심을 받았을 때는 순수함과 열정을 가지고 시작했던 사람들도 세월이 지나면 매너리즘과 자기만족에 빠져 버리는 경우가 많다. 그래서 하나님께서는 그때마다 전혀 뜻밖의 사람, 제도권 밖의 사람들을 혜성처럼 등장시켜 사용하셨다.

아모스와 같은 선지자도 목동 출신이었다. 소위 정통 교육을 받은 예루살렘 성전의 제사장 가문 사람들이 있는데도 하나님께서는 제3의 인물을 통해 말씀하셨다. 예를 들어서 "안나스와 가야바가 대제사장으로 있을 때에 하나님의 말씀이 빈 들에서 사가랴의 아들 요한에게 임한지라"(눅 3:2)라는 말씀을 보라.

하나님께서는 안나스와 가야바라는 지도자를 두고 빈 들에서 세례요한에게 말씀을 주셨다. 안나스와 가야바는 당시 온갖 정치적 이권과 비리에 연류된 사람들로, 하나님의 영이 떠난 사람들이었다. 하나님께서는 명함만 갖고 있는 종교지도자들을 사용하지 않으신다.

하나님의 기름부으심이 떠났음에도 마음이 강퍅해진 종교지도자들은 스스로의 힘으로 인간적 권위를 휘두르려 한다. 하나님의 권위가 충만한 사람은 힘을 휘두르지 않는다. 가만히 있어도 하나님의 권위가 충만하기 때문이다.

최근 들어서 하나님께서 뛰어난 평신도 교사나 세미나 강사들, 예수전도단 같은 선교단체의 탁월한 성경교사들을 많이 사용하시는 것 같다. 특별히 여성 강사들이나 고급 신학 교육을 받지 않은 분들도 많은데 이들의 강의 특징은 언어가 쉽고 간결하며, 태도가 겸손하고 소탈하다는 것이다. 그래서 청중들에게 더 친근감 있고 호소력 있게 다가간다. 이런 제3의 인재들의 등장을 부정적인 시각으로 바라보는 기성교회 목회자들이 많은 것 같다. 그러면서 정통성을 문제 삼는다. "제대로 된 신학교육을 안 받았다, 안수 받은 목회자가 아니다"라는 말들이 다 그런 것들이다.

나는 오히려 하나님께서 이들을 통해서 경직된 기성교회에 새롭고 신선한 바람을 불어넣으시는 것을 느낀다. 나도 20년 전 처음 전도사가 되어 설교하던 때의 순수하고 불같은 열정과 설교자로서의 감격을 이들을 통해서 다시금 기억하게 되었다. 그러므로 이들을 부정적으로만 보지 말고, 하나님의 축복으로 알아 포용하고, 배울 것이 있으면 배우며 도전받았으면 좋겠다. 신학적인 원숙함은 목회자가 옆에서 친절한 코치가 되어 조금씩 도와주면 될 일이다. 남을 칭찬하고 격려하는 자는 남의 장점을 자기 것으로 흡수할 수가 있다.

거룩의 경험

55 스데반이 성령충만하여 하늘을 우러러 주목하여 하나님의 영광과 및 예수께서 하나님 우편에 서신 것을 보고

스데반은 전혀 사람들을 두려워하지 않았다. 영어성경 55절 첫머리에는 "but"(그러나)이라는 단어가 나온다. 사람들은 그를 향해 분노하고 이를 갈았지만 그는 두려워하지 않았다는 뜻이다. 이는 그가 성령으로 충만했기 때문이다. 모든 하나님의 자녀 안에는 성령께서 계신다. 그러나 모두가 성령충만한 것은 아니다. 성령충만은 그 사람의 모든 삶이 완전히 성령님의 지배를 받는 것을 말한다. 보통 사람은 상황이 좋으면 기뻐하고, 상황이 조금만 나빠지면 좌절하고 절망한다. 그러나 성령의 지배를 받는 사람은 크게 흔들림이 없다. 스데반은 성령충만한 사람이었다.

이 구절에서 말하는 성령충만은 초대교회 첫 순교자에게 하늘의 힘을 불어넣어주는 특별한 성령의 기름부으심을 뜻한다. 특별하게 힘든 상황에는 그것을 이길 수 있는 특별한 하늘의 은혜가 임한다. 그래서 스데반을 비롯한 수많은 순교자들이 우리의 생각으로는 상상도 못할 살벌한 상황 속에서도 침착할 수 있었던 것이다.

스데반은 하늘을 보았던 사람이다. 오늘날 크리스천들은 하늘의 시민들이면서도 땅만 보고 산다. 땅의 문제에 몸과 마음이 매어 있다. 걱정을 안할 수는 없겠지만 문제를 대하는 자세가 세상 사람과 별 차별이 없다. 스데반처럼 땅에서는 자기를 죽이려 달려드는 사나운 군중과 세상 권력 앞에 서 있어도 눈을 들어 하늘을 보아야 한다.

땅을 본다는 것은 자기를 본다는 것이다. 머릿속이 자기 문제로만 가득 차 있고 자기에게 해가 될지 득이 될지에 예민하다는 뜻이다. 상처를 쉽게 받는 사람은 자기중심적이기 때문에 그렇다. 그러나 성령충만한 사람들은 자기가 중요하지 않다. 성령의 사람이 가장 신경을 쓰는 것은 하나님의 영광이다. 자기가 중요하지 않은 사람은 고집이 없다. 가슴에 억울함과 분노도 없다. 내가 욕을 먹고, 좀 억울해지더라도 교회에 덕이 될 수 있다면, 주님이 영광을 받으실 수 있다면 고통스러워도 견딘다.

스데반은 땅의 현실에 대해서 고민하지 않았다. '아, 어쩌다가 내가 이런 힘든 상황까지 왔는가? 이 재판의 결과는 어떻게 될까? 내게는 몇 년형이 떨어질까? 이 사람들이 나를 어떻게 할 것인가?'라는 복잡한 생각들을 하지 않았다. 문제보다 더 무서운 것은 두려움과 나쁜 상상이다. 그러나 하늘을 우러러 보는 사람은 이것으로부터 자유하게 된다. 사람으로부터 자유하게 된다. 주의 영이 계신 곳에 자유함이 있기 때문이다.

스데반이 하늘을 우러러 보았을 때 구름을 본 게 아니다. "하나님의 영광"을 봤다. 하나님의 사람이 믿음의 눈을 가지고 하늘을 보면, 하늘이 열리고 하나님의 영광이 보인다. 오늘날 교회들과 예수님을 믿는 사람들이 어딘가 힘이 없고 기가 죽어 있는 것은 이 하나님의 영광을 보지 못하기 때문이다. 세상이 힘들어서가 아니다. 세상은 언제나 힘들었다. 세상의 권세 잡은 자가 사탄이니 당연히 하나님의 사람들이 세상사는 것은 힘들다.

지금 처한 현실이 죽을 것같이 힘든가? 도망가고 싶어도 도망갈 수 없어서 답답한가? 그렇다면 지금 하나님의 영광을 보아야 한다. 그 무엇보다 하나님의 영광 보기를 사모해야 한다. 그분의 음성 듣기를 갈망해야 한다. 그분의 임재를 느낄 수 있도록 기도해야 한다. 우리가 하나님의 영광을 제대로 본다면, 하나님의 영광 보기를 사모한다면 능히 세상을 이길 수 있다. 가난한 마음으로 겸손히 하나님의 영광 보기를 사모하는 사람에게 하나님께서 나타나실 것이다.

어떤 사역보다도 급한 것이 거룩의 경험을 하는 것이다. 모세가 불타는 떨기나무 앞에서 하나님을 만났듯이, 우리는 하나님을 제대로 만나야 한다. 우리 영혼이 메말라 있는 것은 거룩의 경험보다 죄악의 경험을 더 많이 하기 때문이다. 그래서 하나님을 묵상하기보다는 절망을 더 많이 묵상하고, 죽고 싶다는 생각, 도망가고 싶다는 생각만 하게 된다. 정신을 차리고 우리가 하나님의 자녀임을 깨달아야 한다.

우리는 보이는 세상이 전부인 것처럼 잠시 착각에 빠진 것이다. 사탄의 간계에 잠시 넘어간 것뿐이다. 다시 돌아올 수 있다. 하나님의 영광을 제대로 본 사람에게는 회복이 임하고, 능력이 임하게 될 것이다. 사역에 놀라운 열매가 나타나게 될 것이다.

스데반은 하나님의 영광만 본 것이 아니라, 하나님의 아들 예수 그리스도께서 하나님 우편에 서신 것을 보았다. 모든 어둠과 절망을 몰아내는 빛 되신 주님이 거기 계셨다. 초대교회의 첫 번째 집사였던 그는 교회의 머리되신 그리스도, 우리의 대장되신 그리스도를 보았다. 더구나 주께서 앉아 계신 것이 아니라 서 계셨다. 왕의 왕께서 일어서셨다는 것은 보통 일이 아니다. 그것은 스데반의 순교가 예수님께 매우 중요한 일이었다는 것이다. 마치 개선장군을 맞이하듯, 마지막까지 주님을 영광스럽게 할 그의 영혼을 맞이할 준비를 하고 계셨다. 끝까지 충성하는 하나님의 자녀에게 주님은 승리의 면류관을 주신다.

내 영혼을 받으시옵소서

56 말하되 보라 하늘이 열리고 인자가 하나님 우편에 서신 것을 보노라 한대 **57** 그들이 큰소리를 지르며 귀를 막고 일제히 그에게 달려들어 **58** 성 밖으로 내치고 돌로 칠새 증인들이 옷을 벗어 사울이라 하는 청년의 발 앞에 두니라

하나님의 영광을 보고, 그 우편에 서신 주님을 본 스데반의 가

슴은 기쁨과 감격으로 터질 듯했다. 그래서 입을 열어 자신이 본 환상을 그대로 선포해 버렸다. 그것은 부글부글 끓고 있는 무리의 분노에 기름을 끼얹는 것이었다. 그들은 귀를 막고 스데반을 성 밖으로 끌고 가서 그에게 돌을 던지기 시작했다. 이것은 하나님을 망령되이 일컫는 자는 돌로 쳐 죽이라는 율법에 따른 것이었다.

　이때는 먼저 죄수를 낭떠러지에서 밀어 떨어뜨리고, 다 같이 돌을 던져 죽인다. 이렇게 죽은 자의 시체 위엔 돌무더기가 생겨나게 된다. 얼마나 끔찍한 사형법인가. 아이들이 장난삼아 던지는 작은 돌에 맞아도 피가 나고 아픔이 극심한데 주먹만한 날카로운 돌들이 수없이 자신에게 날아든다고 생각해보라. 그러나 사람들은 이미 이성을 잃고 스데반에게 미친 듯이 돌을 던지고 있었다.

　2천 년 교회 역사에서 처음으로 세워진 일곱 명의 안수집사 가운데 지도자격 인물이었고, 지혜와 성령이 충만하고, 설교도 탁월했던 스데반이 남긴 가시적인 업적이나 성과는 아무것도 없다. 남기기에는 그의 인생이 너무나 짧았다. 복음을 전하다가 돌에 맞아 죽은 것이 전부였다. 그렇다면 그의 인생은 실패로 끝나버린 것인가? 아니다. 그의 죽음은 사울이라는 청년의 회심에 결정적인 영향을 미치게 된다.

　58절에 보면 거짓 증인들이 스데반을 돌로 치기 전에 자신들의 겉옷을 벗어 사울의 발 앞에 두었다는 것은 사울이 거기 모인 유대인들 가운데 제일 앞쪽에, 즉 스데반과 가장 가까운 곳에 있었음을 뜻한다. 그러니까 사울은 스데반이 돌에 맞아 피투성이가 되어 죽어가는 장면을 그 누구보다 생생히 목격했을 것이다.

스데반을 죽인 그 많은 사람들이 모두 익명으로 처리되어 있는데 희한하게도 사울 한 사람의 이름만 밝혀져 있다. 그것은 스데반의 죽음이 훗날 그의 회심에 결정적 동기가 되었음을 강조하기 위함이다. 사울은 주님을 영접한 뒤 '바울'이라는 새 이름을 받고, 로마제국 전역을 다니면서 곳곳에 교회를 세우고, 신약성경의 1/3이나 되는 분량을 저술하여 기독교 신앙의 기초를 다진 인물이다. 복음을 이방인들에게, 즉 세계복음화로 가는 길을 다져놓은 위대한 지도자이다.

당시는 스데반의 죽음을 당연시 여겼던 사울이지만 스데반이 주님의 영광을 보면서 순교하는 모습은 그의 영혼에 깊이 각인되었음이 분명하다. 이처럼 하나님께서 하시는 일과 사람이 생각하는 일은 다르다. 그러므로 우리가 억울하게 당하고, 손해를 보고, 고난을 당하고, 무시를 당하고, 패배를 해도 하나님 앞에 진실하기만 하다면 하나님께서는 우리를 통해 위대한 열매를 이루어내실 것이다.

59 그들이 돌로 스데반을 치니 스데반이 부르짖어 이르되 주 예수여 내 영

혼을 받으시옵소서 하고 **60** 무릎을 꿇고 크게 불러 이르되 주여 이 죄를 그들에게 돌리지 마옵소서 이 말을 하고 자니라

정신없이 쏟아지는 돌을 맞으면서도 스데반은 "주 예수여 내 영혼을 받으시옵소서"라고 했다. 죽어가는 순간에도 그는 예수님을 생각했다. 고난이 오면 사람들은 대개 하나님을 원망하거나 잊어버린다. 그러나 스데반은 마지막 호흡이 다하는 그 순간까지 예수님을 생각했다. 예수께서 십자가에서 남기신 마지막 말씀도 "아버지, 내 영혼을 아버지 손에 부탁하나이다"(눅 23:46)라는 것이었다.

또한 돌에 맞아 죽어가면서도 자기를 모함하여 죽이는 사람들을 용서해달라는 기도를 올리는 스데반의 모습은 주님이 십자가에서 "아버지, 저들을 사하여 주옵소서"(눅 23:34) 하시던 장면을 연상케 한다. 예수님의 영이 스데반에게 임한 것이다. 그는 죽음의 공포와 미움과 분노로부터도 자유하고 있었다. 돌에 맞으면서도 큰소리로 이 기도를 했으니, 그에게 돌을 던지던 사람들도 충격을 받았을 것이다.

누가는 스데반이 죽었다고 하지 않고 잠들었다고 했다. 그렇다. 하나님의 사람에게 있어서 죽음은 끝이 아니다. 새로운 시작을 위하여 잠시 잠든 것이다. 다시 부활한다는 것이다. 그는 영광스러운 나라에서 주님의 품에 안겼을 것이다.

핍박으로 인해 흩어지다

1사울은 그가 죽임 당함을 마땅히 여기더라 그날에 예루살렘에 있는 교회에 큰 박해가 있어 사도 외에는 다 유대와 사마리아 모든 땅으로 흩어지니라

스데반의 죽음은 핍박의 기폭제가 되었다. 참 받아들이기 힘든 상황이다. 주님을 위해서 순교하기까지 수고했는데 대가가 없었다. 오히려 상황이 더 나빠졌다. 벌집을 쑤셔놓은 것처럼 교회를 향한 핍박의 손길이 무섭게 몰려들었다.

사울은 무서운 사람이었다. 유대 종교지도자들의 행동대장이 되어 남녀노소 할 것 없이 크리스천이면 다 체포해버렸다. 이 핍박은 로마정부가 아니라 유대인들이 주도한 핍박이었다. 초대교회는 스데반의 죽음을 애도할 사이도 없이 큰 핍박을 피해 사방으로 흩어지게 되었다.

"다 유대와 사마리아 모든 땅으로 흩어지니라." 이 말에 비밀이 숨어 있다. 주께서 승천하시기 전에 분명히 "예루살렘과 온 유대와 사마리아와 땅끝까지 이르러 내 증인이 되리라"라고 하셨다. 그런데 오순절 성령 강림 이후 엄청난 기적과 부흥과 성장이 예루살렘 교회에 임했는데도 다들 예루살렘에만 머물러 있었다. 성도들은 안주하기 시작하고, 자기들끼리 은혜를 받으려 했다.

그래서 하나님은 첫 순교자와 그에 이은 핍박이라는 상황을 허락하신 것이다. 그렇게 해서라도 이기적인 예루살렘 교회를 유대

와 사마리아와 땅끝으로 흩어야겠다고 판단하신 거다. 하나님께서는 아브라함과 야곱과 요셉과 모세에게 나그네 영성을 가르치셨다. 한 곳에 계속 머물지 말고, 각자가 끊임없이 움직이는 성전이 되라고 하신 것이다.

사실 좋은 말로 "가라"고 하실 때 가면 좋겠지만 이기적인 인간이 그러질 못한다. 우리나라도 주로 38선 이북에 몰려있던 교회들이 한국전쟁이라는 끔찍한 시련을 통해 이남으로 내려왔다. 그리고 한국교회에 새로운 회개와 부흥운동이 일어났다. 또한 1960년대 이후 전 세계로 흩어진 디아스포라 코리안들은 곳곳마다 교회를 세우며 하나님께서 맡기신 세계복음화의 한 몫을 담당했다.

하나님께서는 최악의 것에서도 최선을 만드신다. 당시 예루살렘 교인들은 마치 세상이 끝난 것처럼 괴로웠겠지만 이 일로 인해 사마리아 복음화, 그리고 바울이라는 사도의 탄생을 통해 로마 제국 전역이 복음화되는 일이 일어난다. 우리 삶의 모든 고난은 우리가 알 수 없는 하나님의 영광스런 미래로 향하는 시석(矢石)이 됨을 기억하자.

THE AGE OF POWER

PART 04

땅끝으로 전진하다

12 예루살렘에서 사마리아로
행 8:4-25

13 땅끝을 향해
행 8:26-40

행 8:4-25

12 예루살렘에서 사마리아로

밖으로 번져나가는 복음

4그 흩어진 사람들이 두루 다니며 복음의 말씀을 전할새

하나님께서는 스데반의 순교라는 충격적인 사건을 통해 예루살렘 교회가 사방으로 흩어지게 하셨다. 사실 예루살렘 초대교회 성도들 입장에서는 억울하기도 하고, 원망스런 마음도 들었을 것이다. 예수 믿고 열심히 교회생활하며 살았는데 뜻밖의 시련이 닥쳤으니 말이다. 하지만 그들은 자기 연민에 빠지지 않고, 두루 다니며 복음을 전했다.

아무리 상황이 힘들고 어려워도 핵심 사명을 포기하면 안 된다. 이렇게 힘들어진 것은 오히려 복음 전파를 더 넓고 적극적으로 하

라는 하나님의 뜻이었다. 그냥 두면 예루살렘에만 모여 있을 그들을 핍박을 통해 흩으셨으니까. 그들은 어쩔 수 없이 예루살렘을 떠나면서 비로소 "오직 성령이 너희에게 임하시면 너희가 권능을 받고 예루살렘과 온 유대와 사마리아와 땅끝까지 이르러 내 증인이 되리라"라는 주님의 말씀을 기억했을지도 모른다. 어려움은 우리를 영적으로 철들게 한다.

복음은 한 마디로 굿 뉴스(Good News), 좋은 소식이다. 복음은 예수 그리스도이시다. 복음의 핵심은 예수님의 십자가와 부활 사건이다. 우리가 이 복음을 듣고 구원을 받아 인생이 변했고, 그렇게 인생이 변한 사람들이 또 복음을 들고 나가 전함으로써 다른 사람들의 삶을 변화시킨다. 복음을 들은 사람은 침묵할 수 없다. 가슴에서 불이 일어난다. 뛰쳐나가서 전해야만 속이 시원하다. 복음은 폭발하는 다이너마이트와도 같고, 번져가는 산불과도 같다. 단순히 교회 다니는 사람이 아니라, 이런 복음을 가슴에 소유한 사람이 진짜 크리스천이다.

"두루 다니며"는 그들이 어디를 가든지 복음의 말씀을 전했다는 뜻이다. 우리도 어디에 가든지 복음을 전하는 사람이 되기를 바란다. 복음이 전파되면 언제 어디서 어떤 놀라운 일이 일어날지 모르기 때문이다. 전하는 우리도 복음이 얼마나 놀라운 열매를 거두게 될지 모른다. 복음은 인생이 변화시키고, 역사를 변화시킨다. 그러므로 언제나 기대하는 마음으로 복음을 전해야 한다.

5 빌립이 사마리아 성에 내려가 그리스도를 백성에게 전파하니 **6** 무리가 빌립의 말도 듣고 행하는 표적도 보고 한마음으로 그가 하는 말을 따르더라 **7** 많은 사람에게 붙었던 더러운 귀신들이 크게 소리를 지르며 나가고 또 많은 중풍병자와 못 걷는 사람이 나으니

빌립은 스데반과 함께 안수받았던 초대교회 일곱 집사 중 한 명이다. 그도 스데반처럼 말씀의 능력과 영적 권위를 가진 사람이었다. 사람들은 빌립의 설교와 행하는 기적을 보고 그의 말을 따랐다. 그것은 우리가 일상적으로 하는 대화가 아니었다. 성령이 기름부으신 하나님의 메시지였다. 이 메시지는 엄청난 파워 그 자체로, 듣는 사람들을 변화시킨다.

게다가 빌립은 표적, 즉 기적도 행했다. 귀신이 떠나고 병마가 떠나는 기적들이 일어났다. 성령의 사람에게는 하나님께서 하늘의 능력을 부어주신다. 중요한 것은 기적은 복음을 증명하기 위해 주어지는 것이라는 사실이다. 생명의 복음이 전해지고, 실제로 하나님의 능력이 행해지는 기적들을 보았을 때 사람들은 거기에 무릎을 꿇게 된다. 영적 메시지와 영적 능력이 합쳐지면 영적 권위가 생긴다. 영적 권위가 있는 사람이 들어가는 지역에서는 악한 영들이 쫓겨나고, 병든 사람들이 나음을 입게 된다.

"예수께서 열두 제자를 불러 모으사 모든 귀신을 제어하며 병

을 고치는 능력과 권위를 주시고 하나님의 나라를 전파하며 앓는 자를 고치게 하려고 내보내시며"(눅 9:1,2).

살아 있는 하나님의 말씀이 임하면 귀신이 떠나간다. 7절에 보면 보이지는 않지만 많은 사람들에게 귀신들이 붙어 있었다고 한다. 그것도 "더러운 귀신들"이 붙어 있었다. 귀신은 생각과 말과 행동이 다 더럽다. 온갖 음란과 폭력과 욕심과 시기심으로 가득 찬 것이 귀신들이다. 그런 귀신들이 사람에게 붙어 있으면 그 사람의 말과 행동도 똑같이 더러워진다. 아무리 공부를 많이 하고, 돈이 많고, 좋은 옷 입고, 교양 있는 척해도 영이 더러운 건 마찬가지다. 귀신이 붙어 있다는 말은 귀신의 지배를 받는다는 뜻이다. 악령에게 눌림을 받았다고 해도 된다.

이는 어떤 어두운 세력이 내 감정과 생각을 덮고 있다는 거다. 눈부신 태양이 빛나고 있어도 먹구름 밑에 있으면 그것을 누리지 못하듯, 은혜의 단비가 쏟아지고 있는데도 어둠의 세력에게 눌려 있으면 누리지 못한다. 찬송을 불러도 기쁨이 없고, 설교를 들어도 무덤덤하다. 머리가 아프고, 가슴이 답답하고, 왠지 계속 신경질이 난다. 사람들이 밉고, 자꾸 화가 난다. 이런 일들은 어둠의 세력에 눌려 있기 때문에 일어나는 현상이다. 예수님을 믿으면서도 죄를 방치해두고 사탄에게 빌미를 주면 악한 영들에게 눌림을 받을 수 있다.

그런데 복음이 선포되니까 "더러운 귀신들이 크게 소리를 지르며 나가고"라고 했다. 사람들을 누르고 있던 귀신의 사슬들이 순식간에 다 끊어져 버린다. 예배 때 보면 안다. 설교를 시작하기 전에는 표정이 어둡고 힘들어하던 분들도 설교가 전개되면 서서히 표정이 바뀐다. 설교 끝나고 다 함께 일어서서 찬양을 시작하면 얼굴에 생기가 돌고, 하늘의 영광으로 환히 빛난다. 복음을 듣고 어둠의 영들이 떠나는 것이다. 복음은 그토록 강력하다. 복음은 사탄의 견고한 진을 파하는 강력한 힘이다. 말씀이 나갈 때 칼이 나간다. 어둠의 권세를 파괴시키는 예리한 성령의 검이 나가는 것이다.

빌립이 말씀을 전하고 사역할 때 귀신들이 떠났을 뿐만 아니라 많은 중풍병자들과 못 걷는 사람이 나았다고 했다. 예수께서 말씀하실 때 소경 바디매오가 눈을 떴고, 문둥병자도 나음을 입었다. 예수님의 말씀은 우리를 치유하고 회복시키신다.

빌립 사역의 놀라운 열매를 보면 주께서 하나님의 일꾼들에게 약속하신 말씀이 그대로 이뤄지고 있음을 본다.

"믿는 자들에게는 이런 표적이 따르리니 곧 그들이 내 이름으로 귀신을 쫓아내며 새 방언을 말하며 뱀을 집어올리며 무슨 독을 마실지라도 해를 받지 아니하며 병든 사람에게 손을 얹은즉 나으리라 하시더라"(막 16:17,18).

빌립의 하나님이 바로 우리의 하나님이시다. 주께서 이런 거룩한 능력을 믿는 자들에게 주셨다고 하면 주신 것이다. 믿음으로 선포하고, 나아가라! 주께서 당신을 통해 기적을 행하실 것이다.

8 그 성에 큰 기쁨이 있더라

성령의 사람, 빌립 한 사람의 설교와 사역은 사마리아성 전체의 분위기를 바꿔버렸다. 생각해보라. 사마리아가 얼마나 우울하고 어두운 도시였는가. 사마리아인들은 유대인들에게 무시와 차별을 당했다. 정치적, 경제적으로 소외당하고 찌들린 사람들이었다. 그런데 빌립이라는 하나님의 사람이 그 안에 들어가 복음을 선포하고, 성령의 능력으로 사람들을 치유하기 시작하면서 순식간에 도시 전체의 분위기가 바뀌었다. 기쁨이 가득하게 된 것이다.

오래 전 대학부 전도사 시절에 이 본문을 가지고 학생들과 성경공부를 하는데, 한 학생이 빌립을 가리켜 그룹 '해바라기'의 노래에 나오는 '그대 내게 행복을 주는 사람'이라고 했다. 다들 웃었지만 그 당시 사마리아인들이 볼 때 빌립은 진짜 하늘의 행복을 준 사람이었을 것이다.

말씀이 선포되어 사람들이 변하고, 귀신이 떠나고, 병이 낫는 역사들이 성령의 교회에서는 계속해서 일어난다. 그때마다 하나님의 기쁨이 충만해진다. 하나님의 나라는 축제다. 그 나라에서는 이런 거룩한 기쁨의 잔치가 날마다 열리는 것이다.

사마리아에 성령이 임하시다

14 예루살렘에 있는 사도들이 사마리아도 하나님의 말씀을 받았다 함을 듣고 베드로와 요한을 보내매

사마리아에서 일어난 놀라운 사역의 열매와 부흥의 소식은 예루살렘에도 전해졌다. 스데반의 순교 이후 몰려온 핍박으로 잔뜩 위축되어 있던 예루살렘 교회에 이것은 신선한 충격이었다. 특히 이 소식을 듣고 예루살렘 교회의 최고 지도자들인 베드로와 요한이 즉시 사마리아로 왔다는 사실이 놀랍다.

주님은 분명히 "너희가 … 예루살렘과 온 유대와 사마리아와 땅 끝까지 이르러 내 증인이 되리라"라고 하셨다. 그러나 예루살렘 교회는 사마리아 복음화를 그저 먼 훗날에 이루어질 가능성 있는 일 정도로만 생각했지 그토록 빨리, 파워풀하게 현실로 다가올 줄은 꿈에도 생각하지 못했다. 그러니까 놀라서 베드로와 요한 같은 지도자들이 한걸음에 달려온 것이다. 성령의 역사는 항상 우리의 고정관념과 상식을 뛰어넘는다.

15 그들이 내려가서 그들을 위하여 성령 받기를 기도하니 **16** 이는 아직 한 사람에게도 성령 내리신 일이 없고 오직 주 예수의 이름으로 세례만 받을 뿐이더라 **17** 이에 두 사도가 그들에게 안수하매 성령을 받는지라

그들은 매우 당황했을 것이다. 빌립의 전도로 예수님을 믿은 사마리아 사람들이 세례를 받았음에도 불구하고, 그들에게 성령이 내리시지 않았다고 되어 있기 때문이다. '주 예수의 이름으로 세례만 받았지, 한 사람에게도 성령이 내리시지는 않았다' 라는 말을 어떻게 해석해야 하는 것인가? 주 예수의 이름으로 세례받는 것과 성령을 받는 것은 별개인가?

주 예수의 이름으로 세례를 받았다는 것은 물세례를 의미하고, '성령이 내렸다'는 것은 성령세례를 의미한다. 예수께서 니고데모에게 "사람이 물과 성령으로 나지 아니하면 하나님의 나라에 들어갈 수 없느니라"(요 3:5)라고 말씀하신 적이 있다. 이때 '물과 성령으로 난다'는 말은 물세례와 성령세례를 말한다.

물세례는 예수님의 이름으로 받는 세례다. 빌립이 하나님의 말씀을 전하니까 능력이 나타나고, 많은 사람들이 예수님을 믿었다. 예수께서도 "모든 민족을 제자로 삼아 아버지와 아들과 성령의 이름으로 세례를 베풀고"(마 28:19)라고 하셨다. 이 물세례는 주님을 믿음으로 과거의 죄가 씻김을 받고, 교회 공동체에 새 가족으로 가입한다는 의미를 지닌 공식적 의식이다.

물세례의 한계 혹은 위험이 있다면 구원의 확신이 없어도 받을 수 있다는 것이다. 군대에서 받는 세례처럼 초코파이가 먹고 싶어서 덥석 받을 수도 있고, 예수님을 믿는 집에 장가가기 위해서 믿음이 없음에도 적당히 세례문답하고 받을 수도 있다. 물론 복음을 듣고 주님을 영접하여 세례를 받는 사람들이 대부분이겠지만 외적인 의식이 강조되다보니 물세례에는 한계가 있다. 이후에 등장하는 마술사 시몬 같은 경우가 그랬다.

그러나 성령세례는 다르다. 성령세례는 문자 그대로 성령께서 임하시는 것이다. 즉 성령께서 내 위에 임하시고, 내 안에서 역사하심으로 일어나는 모든 사건을 뜻한다. 성령세례란 '성령이 임한다' 혹은 '성령께서 인 치셨다'라고 표현되기도 한다. 물세례는 구원의 확신 없이도 받을 수 있지만 성령세례는 그럴 수가 없다. 진짜 내 마음속에 성령께서 뜨겁게 역사하셔서 내 모든 의지와 감정이 다 하나님의 영에 사로잡히는 것이기 때문이다.

그러면 세상 누가 뭐래도 나는 하나님의 자녀라는 분명한 확신으로 충만해진다. 이와 함께 하나님의 능력이 불같이 임하며 기도의 능력, 용서의 능력, 병 고치는 능력, 사역할 수 있는 능력이 하늘로부터 주어진다. 성령의 은사들도 다 성령세례의 결과로 우리에게 임하는 축복이다. 방언과 예언과 기적과 표적들이 따라온다.

물세례 전에 성령세례가 먼저 임할 수 있다(사도행전 10장에 나오는 로마 백부장 고넬료의 경우). 본문에 나오는 사마리아인들처럼 물세례 후에 성령세례가 임할 수 있다. 또 물세례와 함께 성령세례가 임할 수도 있다. 나는 세례를 줄 때마다 이런 축복을 기도한다.

그렇다면 사마리아 성도들이 진정한 믿음이 없이 세례를 받았던 것인가? 그런 것은 아니다. 그들은 대부분 진실하게 예수님을 믿었을 것이다. 우리는 여기서 사도행전의 시대적 상황을 고려해야 한다. 사마리아인들과 유대인들은 오랜 세월 적대관계에 놓여 있었다. 그러나 주님은 반드시 사마리아를 통과해야만 땅끝까지 갈 수 있다고 하셨다. 그러므로 성령은 유대인들을 위해서도 오순절 예루살렘에 내리셨던 것과 똑같이 사마리아에 내리셔야 했다.

무엇보다도 베드로와 요한 같은 예루살렘 교회 최고 지도자들이 성령께서 사마리아와 예루살렘을 차별 없이 받으신다는 것을 알아야 했다. 그래서 두 사도가 직접 와서 안수할 때 사마리아인들에게 성령이 임하신 것이다. 예루살렘 교회의 오순절 성령 강림 사건이 똑같이 재현된 것이다. 이로써 하나님의 성령은 예루살렘이나 사마리아나 차별 없이, 오직 하나님의 의지와 결정으로 똑같이 임하심이 보여졌다.

영적 시험과 방해

성령이 역사하고 큰 부흥이 있는 곳에는 반드시 영적 시험과 방해가 일어난다. 기독교 역사를 보면 부흥의 바람이 쓸고 지나간 뒤에 교회들의 분열과 싸움, 이단들이 득세한 경우가 많았다. 그러니 성령의 시대, 부흥의 시대에는 흥분할 것이 아니라 정신을 차리고 늘 겸손히 기도하며 영적 공격들에 대비해야 한다. 사마리아에서의 영적인 시험은 마술사 시몬으로부터 비롯됐다.

9 그 성에 시몬이라 하는 사람이 전부터 있어 마술을 행하여 사마리아 백성을 놀라게 하며 자칭 큰 자라 하니 **10** 낮은 사람부터 높은 사람까지 다 따르며 이르되 이 사람은 크다 일컫는 하나님의 능력이라 하더라 **11** 오랫동안 그 마술에 놀랐으므로 그들이 따르더니 **12** 빌립이 하나님나라와 및 예수 그리스도의 이름에 관하여 전도함을 그들이 믿고 남녀가 다 세례를 받으니 **13** 시몬도 믿고 세례를 받은 후에 전심으로 빌립을 따라다니며 그 나타나는 표적과 큰 능력을 보고 놀라니라

사마리아에는 시몬이라는 유명한 마술사(sorcerer)가 있었다. 마술사란 귀신의 힘을 빌려서 어떤 특별한 기적과 점과 술수를 행하는 사람을 말한다. 놀라운 것은 사마리아에서는 사회 하류층부터 상류층까지 시몬의 마술에 현혹되었다는 사실이다. 가난하고 무지한 사람들뿐 아니라 돈도 있고 인텔리인 사람들이 의외로 점과 미신에 의존하는 것을 본다.

어쨌든 시몬은 사마리아 내에서는 필적할 자가 없던 큰 마술사였다. 사람들은 그를 "하나님의 능력"이라고까지 불렀고, 그 자신도 "자칭 큰 자"라고 스스로를 높였다. 시몬은 오랜 세월 사마리아에서 절대적 영향력을 행사해왔다. 그의 자기도취와 교만은 하늘을 찔렀다.

그런 시몬에게 하나님의 사람, 빌립이 사마리아에 나타나 복음을 전하기 시작한 것이다. 그는 빌립이 전하는 복음을 듣고 자신이 이때껏 행해왔던 마술로는 명함도 못 내밀 정도의 엄청난 능력이 빌립의 하나님에게 있음을 느꼈다. 그래서 그는 즉시 예수님을 믿고 세례를 받았다. 그리고 빌립을 쫓아다니기 시작했다. 복음을 듣고 마음이 녹은 시몬은 그 후에 빌립의 사역에서 나타나는 놀라운 기적과 능력을 보고 더욱 놀라게 되었다. 자신이 이때껏 귀신의 능력을 빌어서 해오던 마술과는 차원이 다른 거룩하고 엄청난 능력이었다.

여기에 시몬의 위험이 있다. 기적과 표적은 말씀의 권위를 세우고, 말씀으로 인도하기 위한 도구일 뿐이다. 그렇기에 그 자체가 우상시되면 안 된다. 그런데 시몬은 "표적과 큰 능력"에 놀라고 집중했다.

18 시몬이 사도들의 안수로 성령 받는 것을 보고 돈을 드려 **19** 이르되 이 권능을 내게도 주어 누구든지 내가 안수하는 사람은 성령을 받게 하여 주소서 하니 **20** 베드로가 이르되 네가 하나님의 선물을 돈 주고 살 줄로 생각하였으니 네 은과 네가 함께 망할지어다 **21** 하나님 앞에서 네 마음이 바르지 못하니 이 도에는 네가 관계도 없고 분깃 될 것도 없느니라

빌립의 사역에서 일어나는 기적들을 보면서 큰 충격을 받았던

시몬은 베드로와 요한이 안수하여 기도할 때 성령이 임하는 것을 보고 더 크게 놀랐다. 오순절 성령 강림 사건처럼 사마리아에서도 성령이 임할 때 사람들에게서 방언과 예언이 터지고, 병이 나음을 받는 놀라운 일들이 폭발적으로 일어났다. 시몬은 점도 치고, 귀신의 힘을 빌려 기적을 행했던 사람이라 이걸 보니까 장사가 될 것 같았다. 그래서 이 능력을 돈 주고 사려고 했던 것이다. 한 마디로, '성령을 상품화' 한 것이다.

시몬이 믿고 세례를 받긴 했지만 그것은 빌립을 통한 권능이 자신의 마술보다 월등함에 대한 굴복이었지, 참된 신앙이 동기가 된 것이 아니었다. 돈을 주고 마술을 배웠던 것처럼 그는 베드로가 베푸는 놀라운 권능도 돈 주고 사려고 했던 것이다.

1980-1990년대 미국에서는 크리스천 방송을 통해 스타가 된 목사나 부흥사들 중에 책이나 여러 가지 제품들을 홈쇼핑처럼 판매하며, 돈을 보내준 사람들을 위해 특별기도를 해주겠다는 이들이 있었다. 한국교회에서도 영적 권능이 있다고 자부하는 부흥사들 중 특별헌금을 해야 안수해주고 성령 받게 해주겠다는 이들이 종종 있었다. 심한 경우에는 돈으로 교회를 사고파는 경우도 있다고 한다(교회 건물과 교인수를 합쳐 파는 것이다).

그러나 베드로가 시몬에게 선포했듯이 성령은 하나님의 선물이다. 돈으로 사고 팔 수 있는 게 아니다. 돈을 주고 성직을 사고파는 것을 영어에서는 시몬의 이름을 따서 '시모니(Simony)'라고 한다. 실제로 중세교회가 타락할 때는 큰 교구의 교회로 부임하기 위해서 주교들이 교황청의 실력자들에게, 또 지역 영주들에게 많은 뇌물을 주기도 했다. 하나님의 거룩한 사명을 돈으로 사고파는 것은 하나님께서 가장 진노하시는 일들 중 하나이다. 가장 거룩한 것을 가장 세상적인 방법으로 타락시키기 때문이다.

돈으로 하나님의 선물인 성령의 능력을 사려고 한 시몬에게 주어진 하나님의 진노는 무서웠다. 절대 성령님의 이름으로, 예수님의 이름으로, 교회 이름으로 돈벌이해서는 안 된다. 하나님의 집은 장사하는 곳이 아니다. 성령님의 이름으로 사람이 인기를 얻거나 영광을 받아서는 안 된다. 하나님은 우리의 예배의 대상이지 축복의 수단이 아니다. 그런데 사탄은 아주 교묘하게 세상적 물질관을 하나님의 일을 하는 사람들의 마음속에 집어넣는다.

처음에는 순수하고 겸손한 마음으로 복음을 전하고 기적을 행했을 것이다. 그런데 사람들이 감사의 마음으로 가져오기 시작한 돈이 쌓이고, 그 돈으로 좋은 건물과 차를 사고, 인테리어도 바꾸다 보면 조금씩 마음이 달라져간다. 나중에는 돈이 되는 쪽으로 사역의 축이 움직인다. 헌금을 많이 내는 사람들에게 싫은 소리를 못한다. 미국 남북전쟁 때 노예 소유주 교인들에게 그 지역 목회자들은 대부분 아무 소리도 못했다. 얼마나 많은 교회와 기독교

운동들이 이 물질의 유혹 때문에 타락하고 무너졌는가.

"돈을 사랑함이 일만 악의 뿌리가 되나니 이것을 탐내는 자들은 미혹을 받아 믿음에서 떠나 많은 근심으로써 자기를 찔렀도다"(딤전 6:10).

하나님께서는 돈에 타락하는 기독교를 용서하지 않으신다. 21절에 나온 베드로의 무서운 경고를 보라. 여기서 "이 도"는 사역(ministry), 즉 목회사역을 가리킨다. 시몬은 그때까지 빌립을 따라 다니며 사역에 동참했던 것 같다. 그러나 베드로가 엄중한 징계로 시몬이 더 이상 사역하지 못하게 빼버렸다. 사마리아에서 가장 영향력 있는 마술사였던 시몬의 회심과 헌신은 빌립의 사역에 큰 도움이 되었을 것이다. 그러나 하나님 앞에서 마음이 바르지 못하기 때문에 더 이상 사역을 해서는 안 되었다.

아무리 스펙이 좋고, 재주가 많아도 하나님 앞에서 마음이 바르지 못하면 결코 하나님의 사역자가 될 수 없다. 사람은 마음에 있는 것을 무의식적으로 입으로 내뱉는다. 시몬이 돈으로 성령의 능력을 사려고 한 것은 그의 마음이 항상 돈과 인기로 가득 차 있었기 때문이다. 그러나 하나님은 결코 만홀히 여김을 받지 않으신다. 돈이나 명예 문제에서 깨끗하지 못하면 우리는 결코 제대로 된 하나님의 일꾼이 될 수 없다. 남의 일이 아니다. 우리도 항상 겸손하고 조심하지 않으면 언제든지 넘어질 수 있음을 잊지 말자.

²² 그러므로 너의 이 악함을 회개하고 주께 기도하라 혹 마음에 품은 것을 사하여 주시리라 ²³ 내가 보니 너는 악독이 가득하며 불의에 매인 바 되었도다 ²⁴ 시몬이 대답하여 이르되 나를 위하여 주께 기도하여 말한 것이 하나도 내게 임하지 않게 하소서 하니라

베드로는 '회개하라'라고 시몬을 강하게 질책했다. 믿는 자들도 회개해야 하지만, 이 표현은 아직 구원받지 않은 사람들에게 주는 메시지다. 마술사 시몬은 빌립의 설교와 사역에 영향을 받아 세례까지 받았지만, 그 영혼은 아직 구원받지 못했다. 물세례는 받았는지 몰라도, 성령세례를 받지 않은 것이다. 23절에서 베드로는 "너는 악독이 가득하며 불의에 매인 바 되었도다"라고 했다. 여기서 '불의에 매였다'는 말은 죄의 노예가 되어 있다는 뜻이다. 시몬은 아직 중생한 사람이 아니었다.

시몬은 베드로의 불같은 질책에 놀라 바짝 엎드려 용서를 빌었다. 그러나 이는 진정한 회개라기보다는 당장 닥쳐올 재앙을 피하기에 급급한 모습이었다. 시몬의 케이스를 보면 사람이 진정으로 구원받는다는 것이 얼마나 중요한지를 알게 된다. 시몬은 복음도 듣고, 성령의 능력과 기적도 목격하고, 세례까지 받았다. 그러나 거듭나지 못했다. 교회는 다녔지만 하나님의 자녀가 아니었던 것이다. 그래서 칼빈은 "사람의 눈에 보이는 교회와 보이지 않는 교회가 있다"라고 했다. 보이는 교회의 출석교인이 천 명이라고 하

자. 하나님의 눈에 보기에 진짜 하나님의 자녀 된 교인, 성령세례 받은 교인은 그중에 얼마나 되겠는가? 우리는 숫자에 속지 말아야 한다. 겉모습에 속지 말아야 한다.

사도들은 예루살렘으로 돌아가는 길에 사마리아 곳곳에서 하나님의 말씀을 선포했다. 습관적이고 본능적으로 한 것이다. 예루살렘 집으로 돌아가면서 들리는 마을마다 복음을 전한 것이다. 복음전파는 아침에 일어나면 자연스럽게 커피 한 잔 마시는 것처럼 이미 그들의 라이프 스타일이 되어 있었다.

마술사 시몬 같은 가짜들의 영적 시험과 공격이 있었지만 그것은 빌립과 베드로와 요한의 담대한 복음전파를 막지 못했다. 어떤 영적 공격과 시험 앞에서도 하나님의 교회는 복음을 전하는 핵심 사명에서 움츠러들어선 안 된다. 하나님의 교회가 많은 영적 공격을 받지만 결코 좌절하지 말자. 그것은 그만큼 우리의 영적 파괴력을 마귀가 두려워하고 있다는 말이기 때문이다. 오히려 담대하게 전진하자. 우리 안에 계신 이가 세상에 있는 이보다 크시다!

행 8:26-40

13 땅끝을 향해

하나님의 인도를 따르는 사람들

최근에 하나님의 인도하심으로 규장출판사에서 새 책을 내게 되었다. 그 일을 준비하면서 규장의 여진구 대표를 만나 얘기를 나누었는데, 몇 년 전 대표를 비롯한 회사 직원들이 모두 뜨거운 성령체험을 했다고 한다. 그래서 물었다.

"그 이후부터 회사 경영 방침에 달라진 게 있나요?"

"예, 우리는 3개월 생존 모드로 삽니다."

"그게 무슨 말이지요?"

"회사 전체가 성령의 부흥을 체험한 이후, 회사 안에 기도실을 만들었습니다. 저와 전 직원이 시간을 정해놓고 들어가서 기도하며 회사 일을 합니다. 성령께서 한 걸음 한 걸음 이끌어주시는 대로 작가도 발굴하고, 새로운 책도 기획합니다. 앞날을 내다보고 장기 계획을 세우고 가야 하는데 그게 잘 안 됩니다. 하나님께서 보여주시는 만큼 가려고 합니다. 그래서 3개월 이후의 계획은 잘 안 세우지요."

국내 기독교출판 상위권의 출판사 사장이 하는 말이라고 믿기지 않았다. 그러나 사실이라는 거다. 이 시대 한국 기독출판계에 신선한 충격을 던진 국내 작가들이 그렇게 발굴되었다는 거다. 아직도 국내 작가층이 얇아서 대부분의 출판사들이 해외번역서에 주로 의존하는데 반해 규장은 꾸준히 좋은 국내 작가들을 발굴해내는데, 그 비밀이 거기에 있었던 것 같다.

하나님의 사람은 성령의 인도하심을 받는다.

"무릇 하나님의 영으로 인도함을 받는 사람은 곧 하나님의 아들이라"(롬 8:14).

성령의 사람은 항상 성령의 인도를 받으며 살아간다. "내일 일은 난 몰라요 하루하루 살아요"란 오래된 복음성가 가사가 사실이다. 계획이나 준비가 중요하지 않다는 말이 아니다. 다만 "사람이 마음으로 자기의 길을 계획할지라도 그의 걸음을 인도하시는 이는 여호와시니라"(잠 16:9)라는 말씀을 날마다 확인해갈 뿐이다. 나도 목회하면서 내 계획과 생각대로 되는 일은 하나도 없었다.

그러나 하나님의 뜻에 온전히 맡길 때 내가 계획하고 걱정하던 것보다 훨씬 잘 되는 것을 경험했다. 빌립의 사역에서 우리는 바로 그 사실을 확인하게 된다.

빌립을 이끄신 성령님

26 주의 사자가 빌립에게 말하여 이르되 일어나서 남쪽으로 향하여 예루살렘에서 가사로 내려가는 길까지 가라 하니 그 길은 광야라

사마리아 부흥을 주도하고 있는 빌립에게 주의 사자가 갑자기 남쪽으로 가라고 하셨다. 예루살렘에서 가사로 내려가는 길로 가라고 하셨는데 그 길은 광야였다. 뜨거운 모래바람과 작열하는 태양밖에 없어서 숨 쉬고 서 있기도 힘든 곳이다. 한창 사마리아에서 사역을 잘하고 있는 빌립을 왜 아무것도 없는 광야로 보내신단 말인가. 비즈니스 전략이나 효율적 인력 배치의 차원에서는 도저히 이해가 안 되는 명령이다. 빌립도 당장은 받아들이기 힘들었을지도 모르겠다. 아마 이렇게 생각했을 수도 있다.

'사마리아 부흥을 성공시켰으면, 적어도 그 이상 되는 대도시로 옮겨줘야 마땅하지 않은가? 그런데 아무것도 없는 광야로 가라니, 수고한 나를 갑자기 좌천시키시는가?'

하나님께서는 이유도 설명해주시지 않았다. 그러나 빌립은 하나님의 명령에 순종하여 곧바로 광야로 갔다. 만약 그가 즉시 가

지 않았으면 에디오피아 내시를 만날 수 없었을 것이다. 타이밍을 놓치는 순종은 순종이 아니다. 하나님께서 말씀을 주실 때가 바로 순종을 해야 되는 타이밍이다. 내가 이해할 수 없어도, 좌천되는 것 같고, 비효율적인 것 같아도 일단은 말씀대로 순종하고 보라. 광야라고 생각하고, 아무것도 없을 거라고 생각하고 간 거기에 뜻 밖에도 멋진 하나님의 뜻이 기다리고 있을 것이다.

"이는 하늘이 땅보다 높음같이 내 길은 너희의 길보다 높으며 내 생각은 너희의 생각보다 높음이니라"(사 55:9).

오늘날 크리스천들이 무기력한 것은 매우 상식적이고 합리적인 결정만 하기 때문이다. 영리하고 계산적이어서 힘든 일, 손해 보는 일, 이해할 수 없는 일은 하지 않으려 한다. 그러나 하나님의 사람은 자신의 생각과 고집을 내려놓고 하나님의 음성을 듣는다. 전혀 예측하지 못했던 곳에 가서 그물을 던지라는 음성이 들릴 때도 과감하게 거기에 순종한다.

27 일어나 가서 보니 에디오피아 사람 곧 에디오피아 여왕 간다게의 모든 국고를 맡은 관리인 내시가 예배하러 예루살렘에 왔다가 **28** 돌아가는데 수레를 타고 선지자 이사야의 글을 읽더라

순종하는 사람에게는 전혀 예측하지 못했던 새로운 세계, 새로운 차원의 사역이 기다린다. 아무것도 없는 광야로 갔는데 아프리카의 왕국 에디오피아의 고위관리 일행이 움직이고 있었다. 이 사

람은 내시였고, 에디오피아의 모든 국고를 맡은 관리, 즉 요즘 우리나라로 치면 재경부 장관 겸 금융위원장 겸 한국은행 총재쯤 되는 막중한 위치에 있는 사람이었다. 예나 지금이나 보스가 돈을 맡기는 사람은 가장 신뢰하는 사람이다.

그런 사람이 예배하러 예루살렘까지 왔다가 돌아가고 있었다. 이로 보건대 그가 굉장히 신앙심이 깊은 사람인 것을 알 수 있다. 예루살렘으로부터 수백 킬로미터 이상 떨어진 먼 나라에서 하나님을 믿고, 예배하러 달려오고, 움직이는 수레(마차) 안에서도 끊임없이 성경을 읽고 있었다. 그는 영적 목마름을 가진 사람이었다. 그의 영혼은 하나님의 진리에 목말라하고 있었다.

하나님의 관심은 바로 이 한 사람에게 있었다. 주께서 열두 제자를 위해서 자신의 모든 것을 쏟아 부으셨듯이, 이 내시 한 사람을 위해서 사마리아 도시 전체를 섬기는 사역을 잠시 보류해두고 빌립을 광야로 데려오셨다. 이방인이었지만 하나님을 향한 목마름이 있는 사람에게 하나님께서 구원의 길을 열어주셨다.

"유대인이나 헬라인이나 차별이 없음이라 한 분이신 주께서 모든 사람의 주가 되사 그를 부르는 모든 사람에게 부요하시도다 누구든지 주의 이름을 부르는 자는 구원을 받으리라"(롬 10:12,13).

에디오피아 내시는 가만히 있었던 게 아니라 계속 이동하고 있었다. 이런 고위관리가 움직이지 않고 있을 때 만나기는 참으로 어려웠겠지만 여행길이기에 훨씬 용이했다. 그것도 예루살렘에 예배드리러 갔다 오는 길이었기 때문에 그의 마음 문은 활짝 열려 있었다. 하지만 마차를 타고 유대와 사마리아를 지나가고 있었기에 타이밍이 중요했다. 성령께서 빌립이 즉시 순종하고 사마리아에서 달려올 시간과 이 내시가 그 지점을 통과할 시간을 정확하게 맞추셨던 것이다.

우리 인생의 타이밍에 우연은 없다. 당시 예루살렘 교회가 건물에 갇혀 있었다면, 모바일 교회의 유연함과 민첩함이 없었다면 하나님의 인도하심을 미처 따라가지 못했을 것이다. 성령의 음성이 들렸다면 의심하지 말라. 설혹 잘되고 있는 사역을 버리고 광야길로 가라고 하셔도 낙담하거나 의심하지 말라. 내게 주어진 길이 축복의 길이 아니고, 좁고 힘든 길이라 할지라도 찬송하며 가라. 거기에 하나님께서 예비하신 의외의 기회, 축복된 만남이 준비되어 있을 것이니.

전도자의 자세

29 성령이 빌립더러 이르시되 이 수레로 가까이 나아가라 하시거늘 **30** 빌립이 달려가서 선지자 이사야의 글 읽는 것을 듣고 말하되 읽는 것을 깨닫느냐

사마리아에서부터 빌립을 광야로 이끌어 오신 성령께서는 에디오피아 내시의 행렬을 보고 입을 딱 벌리고 있는 빌립을 재촉하

셨다. "수레로 가까이 나아가라." 수레를 따라가는 것은 보통 힘든 일이 아니다. 그런데 성령께서 빌립에게 수레로 가까이 가라고 하신다. 뛰어서 마차에 따라 붙으라는 것이다. 하나님께서는 우리가 목마른 영혼들이 있는 곳에 가까이 가기를 원하신다. 하나님을 안 믿는 사람들을 자꾸 피하려 하면 안 된다. 어부가 고기떼를 무서워해서야 되겠는가.

30절에는 빌립이 달려갔다고 했다. 빌립은 성령의 인도하심을 받았다. 그리고 즉시로 복종했다. 인도하심을 받고 복종을 안 하면 아무 소용이 없다. 순종할 각오가 없다면 하나님의 음성을 들려 달라고 하지 말라. 순종하긴 하는데 억지로, 지척대면서 가는 사람이 있다. 이왕 할 거면 빌립처럼 달려가야 한다. 열정을 가지고, 부지런하게, 민첩하게 움직여야 한다.

대가를 치르는 결단

에디오피아 내시를 보았을 때 빌립은 많이 놀랐을 것이다. 사실 유대인의 피가 반쯤 섞인 사마리아 지역 전도도 당시로서는 파격이었다. 그런데 수백 킬로미터 떨어진 나라의 이방인인 에디오피아 내시에게 복음을 전하라고 하시니 충격이 컸을 것이다. 유대인들에게 인종적 선입관을 단번에 뛰어넘으라는 것은 쉬운 일이 아니다.

성령의 인도하심이 항상 내가 익숙하고 쉬운 쪽으로 오지는 않는다. 그러나 하나님의 뜻을 믿고 순종하면 놀라운 축복이 열린다. 에디오피아의 고위관리를 유대 땅에서 만나다니, 빌립은 참으로 놀라운 우연이라고 생각했을 것이다. 땅끝까지 가서 복음을 전해야 하는데, 땅끝이 내게로 온 것이다. 하나님께서 일하시는 방법이 참 놀랍다.

안산에서 외국인 노동자들을 위해 목회하시는 분들을 몇 차례 만난 적이 있다. 한 나라에 선교사 한 명을 보내서 그 나라의 말을 배우고, 문화를 배우고, 적응하게 해서 사역하게 하려면 엄청난 지원이 필요하다. 그런데 코리안 드림을 꿈꾸며 자기 발로 찾아온 외국인 노동자들에게 한국에서 직접 복음을 전할 수 있으니 얼마나 축복된 일인가. 그야말로 땅끝이 우리 곁으로 온 것이다.

31 대답하되 지도해주는 사람이 없으니 어찌 깨달을 수 있느냐 하고 빌립을 청하여 수레에 올라 같이 앉으라 하니라 **32** 읽는 성경 구절은 이것이니 일렀으되 그가 도살자에게로 가는 양과 같이 끌려갔고 털 깎는 자 앞에 있는 어린 양이 조용함과 같이 그의 입을 열지 아니하였도다 **33** 그가 굴욕을 당했을 때 공정한 재판도 받지 못하였으니 누가 그의 세대를 말하리요 그의 생명이 땅에서 빼앗김이로다 하였거늘

전도할 때는 첫 번째 접촉을 어떤 방식으로 하느냐가 중요하다. 빌립에게도 당장 어떻게 시작할지 계획은 없었다. 특히 이런 외국

인 고위층 관리를 상대로 어떻게 말문을 열어야 할지 고민이었을 것이다. 그런데 가까이 가보니 내시가 선지자 이사야의 글을 큰소리로 읽고 있는 것이 아닌가! 그것도 메시아에 관한 예언을 다룬 말씀을 말이다. 빌립은 자연스럽게 다가가서 읽는 것을 이해하고 있는지 물었다. 성령께서 어떻게 시작할지 인도해주신 것이다. 성령님의 이끄심을 받고, 순종하는 사람에게는 전도가 자연스럽게 전개된다.

빌립의 질문을 받은 내시는 반색을 하며 빌립을 맞았다.

"지도해주는 사람이 없으니 어찌 깨달을 수 있느냐?"

그렇다. 말씀을 혼자 읽고서 예수님을 믿는 사람도 있지만, 대부분의 사람들에게는 영적 스승이 필요하다. 하나님의 말씀을 볼 수 있는 영적 시각을 열어주는 선생님이 필요하다.

"그러므로 믿음은 들음에서 나며 들음은 그리스도의 말씀으로 말미암았느니라"(롬 10:17).

믿음은 말씀을 들어야 생기는데, 들을 수 있다는 것은 말하는 자, 즉 가르치는 자가 있다는 것을 전제한다. 복음의 말씀을 듣고 깨닫기 위해서는 누군가가 복음을 들려주고 설명해줘야 한다.

"그런즉 그들이 믿지 아니하는 이를 어찌 부르리요 듣지도 못한 이를 어찌 믿으리요 전파하는 자가 없이 어찌 들으리요"(롬 10:14).

내시는 빌립을 보는 순간, 그가 바로 그런 선생님인 것을 알아

봤다. 그래서 빌립을 자기 마차 위로 올라오게 하여 본격적인 성경공부를 시작했다. 내시는 고위관리였지만 영적으로 겸손했다. 평범해 보이는 빌립에게 배우기를 부끄러워하지 않았다. 좋은 영적 스승을 만나면 이 내시처럼 적극적으로 붙잡아야 한다. 나의 삶으로 초대하고, 시간을 투자하고, 정성을 들여서 배워야 한다. 나는 대학교 졸업반 시절, 성경공부를 정말 잘 가르치는 법학대학원 형에게 억지로 매달려 매주 수요일 이른 아침마다 카페에서 두 시간씩 성경공부를 했는데, 정말 말씀이 꿀보다 달았던 것으로 기억한다.

또한 빌립의 에디오피아 내시 전도 과정을 보면, 전도란 내가 억지로 사람을 설득하는 것이 아니라 하나님께서 이미 택하시고 준비하신 사람을 데려오는 것임을 알 수 있다. 너무나 단순하지 않은가. 내가 해야 한다고 생각하면 부담스럽고 힘든 것이 전도다. 그러나 하나님께서 택하시고 준비해놓은 사람을 데려오는 것이라고 생각하면 얼마나 마음이 가볍고 기대가 되는지 모른다. 그러므로 전도할 때는 기도하며 하나님께서 이미 충분히 작업해 놓으신, 완전히 익은 감 같은 사람에게로 가야 한다.

내시가 읽던 성경구절은 이사야서 53장 7절과 8절 말씀으로, 메시아 예수님의 십자가 죽음을 설명한 예언이다. 이는 구약성경에서 가장 대표적인 메시아 예언이다. 내시가 이사야서를 읽어가는 중에 특별히 이 말씀에 시선이 멈췄고, 여기에 대해 고민하던 시점에 빌립과 만났다는 것은 기가 막힌 하나님의 섭리였다.

34 그 내시가 빌립에게 말하되 청컨대 내가 묻노니 선지자가 이 말한 것이 누구를 가리킴이냐 자기를 가리킴이냐 타인을 가리킴이냐 **35** 빌립이 입을 열어 이 글에서 시작하여 예수를 가르쳐 복음을 전하니

"이 사람이 과연 누구냐?"

빌립에게 던진 내시의 질문은 예리했다.

"예수님, 당신은 누구십니까?"

이 질문이야말로 구원으로 가는 가장 핵심적인 질문이 아닐 수 없다. 세상은 우리에게 묻고 있다. 예수님이 누구시냐고. 교회는 바로 그 답을 줘야 한다.

빌립은 내시의 좋은 질문을 받아 예수님을 가르치기 시작한다. 복음의 핵심은 예수 그리스도시다. 다른 얘기할 것 없이 예수님의 십자가와 부활을 전하면 된다. 빌립은 어떤 상황에서도 분명한 복음을 전할 수 있는 사람이었다.

36 길 가다가 물 있는 곳에 이르러 그 내시가 말하되 보라 물이 있으니 내가 세례를 받음에 무슨 거리낌이 있느냐

복음을 제대로 들은 사람은 곧 예수님을 자신의 생의 구주로 영

접하게 된다. 빌립의 가르침을 받은 내시의 가슴이 뜨거워졌다. 예수님을 구주로 영접하게 된 것이다. 그렇게 광야길을 가다가 오아시스를 발견한 것 같다. 이것도 하나님의 섭리였을 것이다. 내시가 말했다.

"물이 있으니 내가 세례를 받음에 무슨 거리낌이 있느냐?"

이 말은 '아무도 내가 세례받는 것을 막을 수 없다'라는 강한 의지를 담고 있다. 참으로 적극적인 신앙을 가진 사람이다. 아마 내시는 빌립의 가르침 속에서 마태복음 28장 19절의 "너희는 가서 모든 민족을 제자로 삼아 아버지와 아들과 성령의 이름으로 세례를 베풀고"에 대한 설명을 들었을 것이다.

한글성경에는 "없음"이라고 되어 있는 37절이 어떤 사본에는 다음과 같이 되어 있다.

"빌립이 말하기를 '당신이 마음을 온전히 하여 믿으면 세례를 받을 수 있습니다.' 내시가 대답했습니다. '나는 예수 그리스도께서 하나님의 아들이신 줄 믿습니다.'"

세례문답을 확실히 한 것이다. 초대교회에서는 세례받기 전에 반드시 모든 성도들이 보는 앞에서 자신의 믿음을 간증하고, 공식적으로 신앙고백을 해야 했다. 이것은 국가 최고위층이었던 내시에게 쉽지 않은 일이었을 것이다. 자신을 따라온 부하들과 행렬의 수많은 사람들이 지켜보고 있는 앞에서(대부분이 예수님을 안 믿는 사람들), 신앙을 고백하고 세례를 받아야 했기 때문이다. 그러나 그는 망설이지 않았다. 믿음은 대가를 치르는 결단이다.

복음의 확장

영적인 목마름을 가지고 진리의 말씀을 찾던 에디오피아 내시가 내린 믿음의 결단은 자신의 조국 에디오피아에 복음이 들어오게 하는 데 결정적인 역할을 하게 된다.

한국교회사에도 이와 같은 인물들이 많은데, 한국교회 최초의 목사 중 한 분인 서경조 목사라는 분도 그렇다. 이 분은 기독교가 국법으로 금지되어 있던 무렵에 만주에서 선교사들을 도와 한글 성경번역에 참가했던 서상륜(새문안교회의 두 명의 초대장로 중 한 명)의 동생이다. 형을 따라다니다가 성경을 읽고 믿음을 갖게 된 그는 고향인 황해도 소래에서 한국 최초의 개신교 교회를 시작했고, 그 뒤 서울로 와서 언더우드 선교사에게 세례를 받게 된다. 그리고 그의 간청으로 언더우드가 북쪽으로 전도여행을 떠나게 된다.

언더우드가 다녀보니 의주와 정주 및 강계 등지에 이미 성경공부로 모이면서 제대로 지도해줄 목사님을 기다리고 있는 미조직 교회들이 있었다. 특히 서경조가 섬기는 황해도 소래는 거의 마을 주민 전체가 하나님을 믿고 있었다. 언더우드는 자신의 비겁함을 하나님께 회개하며 이들에게 믿음을 가르쳤고, 이들 중에 많은 수가 죽음을 각오하고 세례를 받게 된다.

　기독교가 국법으로 금지되어 있던 때라 언더우드는 세례 받을 사람들 이십여 명을 압록강 너머 중국 땅으로 데려가 세례를 주었다. 그때의 질문 중 하나가 "조선의 국법이 이것을 금하고 있는데 발각되어 죽더라도 세례를 받겠습니까?"라는 것이었다. 그런데 한 사람도 예외없이 그러겠다고 했다. 그야말로 목숨을 건 세례를 받은 것이다. 한국교회는 이처럼 영적 열심을 가진 사람들로 시작되었다. 그들의 결단이 이 민족의 운명을 바꾸었다.

　에디오피아 내시 같은 국가 고위층도 세례를 받을 때 격식을 따지지 않고 눈에 보이는 오아시스에서 세례를 받았다는 사실이 재미있다. 세례는 믿음의 결단을 하기만 하면 그 즉시, 어디에서건 받을 수 있다. 살아 있는 기독교는 그런 야성을 가졌다.

　1970년대 '지저스 무브멘트(Jesus Movement)'라는 엄청난 젊은이 부흥 운동이 미국을 휩쓸었을 때, 목사들은 수많은 히피 젊은이들이 몰려 있는 캘리포니아 바닷가에서 성경공부로 그들을 회심시킨 후, 즉시 바닷물에 들어가 세례를 주곤 했다. 1980년대 새들백교회의 릭 워렌 목사는 교회 건물이 없을 때, 소그룹 성경공부를 하다가 예수님을 영접하면 즉시 그 집의 수영장이나 스파에 들어가 세례를 베풀기도 했다. 세례를 베풀 때는 목사님과 함께 그 사람이 예수님을 믿도록 인도한 친구도 같이 서게 했는데 세례를 받는 사람이나 친구나 다함께 기뻐서 엉엉 우는 일이 빈번했다고 한다.

나는 교회를 개척하기 석 달 전, 섬기던 교회에서 운영하던 크리스천 CEO팀과 함께 이스라엘 성지순례를 갔었다. 그리고 요단강 세례터에서 일행 중 몇 명에게 세례를 베풀었다. 그런데 곁에서 눈치를 보던 나이지리아 여인 3명이 내게 영어를 할 수 있냐고 물어왔다. 그러더니 "목사님이냐?"며 자신들에게 세례를 줄 수 있냐고 했다. 2천 년 전 예수께서 세례를 베푸셨던 이곳에서 세례를 받고 싶은데 목사님이 없다는 것이다.

그 세례식은 참으로 감격스러웠다. 나는 그때 이 에디오피아 내시가 생각났다. 그리고 하나님께서 우리 교회에게 세계 복음화의 사명을 주시는 상징적인 메시지로 받아들였다.

39 둘이 물에서 올라올새 주의 영이 빌립을 이끌어간지라 내시는 기쁘게 길을 가므로 그를 다시 보지 못하니라

세례 받은 내시는 기쁘게 길을 갔다. 영어성경에는 "계속 기뻐하고 찬미하면서 갔다"고 되어 있다. 이로 말미암아 이 내시에게는 물세례와 함께 성령세례가 임했음을 알 수 있다. 성령께서 주시는 기쁨으로 춤추며 길을 간 것이다. 사실 한 나라의 국고를 관

장하는 장관쯤 되는 사람이면 어지간한 일 가지고는 감정표현을 안한다. 그러나 이번은 달랐다. 하나님을 믿고 구원받은 날, 하늘 문이 열리고 성령의 세례를 받았을 때의 기쁨은 그 무엇과도 바꿀 수 없었다. 그 기쁨이 그를 춤추게 했다.

17세기 프랑스가 낳은 위대한 과학자요 철학자이며 일찍이 프랑스 학계와 귀족계의 스타로 등극했던 파스칼은 하늘을 찌르는 교만과 귀족사회의 향락문화에 젖어 있었다. 그러나 31세 되던 해 어느 겨울밤에 예수 그리스도를 구주로 영접했다. 그 시간 세상 무엇과도 바꿀 수 없는 기쁨이 그의 영혼을 뒤덮었다. 훗날 그는 《팡세》에 그날의 감격을 이렇게 적었다.

"은총의 해, 1654년 11월 23일 월요일. 밤 10시 30분 경부터 자정 12시 30분 정도까지. 그 짧은 시간에 나는 하나님을 만났다. 철학자의 하나님도, 인텔리 학자들의 하나님도 아닌 아브라함과 이삭과 야곱의 하나님을 만난 것이다.

확신. 가슴 속 깊숙이에서부터 터져나오는 기쁨과 평화. 예수 그리스도의 하나님, 나의 하나님, 그리고 당신의 하나님. 하나님 외에 세상 모든 것들은 뒷전으로 사라지고 있다. 오직 복음을 통해서만 그 하나님은 알아질 수 있다. 의로우신 하나님, 세상은 당신을 모르지만 이제 나는 당신을 압니다.

환희, 환희, 환희. 눈물, 눈물, 눈물. 너무나 달콤하고 완전한 포기. 내 인생의 감독이 되신 예수 그리스도께 완전히 항복하다. 나의 기쁨은 영원하다."

아마 세례 받은 후 에디오피아 내시도 그랬을 것이다. 중생의 기쁨은 그토록 황홀한 것이다.

세례식이 끝난 후, 성령께서 빌립을 순식간에 채 가셨다. 두 사람은 헤어져서 서로 다시는 보지 못했다. 복음을 영접하고 돌아간 내시는 에디오피아 복음화에 결정적 역할을 하게 되지만, 빌립은 자신의 복음 전도가 가져올 엄청난 열매를 보지 못한다. 성령께서는 그를 바로 다른 곳으로 옮기셔서 숨돌릴 새도 없이 새로운 사역을 하게 하셨다. 우리는 너무 조급하게 우리가 흘린 땀의 열매를 보려고 한다. 우리가 뿌린 것을 누리려고 한다. 그러나 뿌리는 것은 우리였어도 거두는 것은 다른 사람일 수 있다.

새로운 길을 향하여

40 빌립은 아소도에 나타나 여러 성을 지나 다니며 복음을 전하고 가이사랴에 이르니라

아소도는 빌립이 에디오피아 내시를 쫓아갔던 지점에서 몇십 킬로미터나 떨어진 곳이다. 성령께서 순식간에 공간이동을 시켜 주신 것이다. 빌립은 거기서부터 여러 성으로 다니며 복음을 전하다가 해안도시인 가이사랴까지 이르렀다. 거리상으로 따지면 거

의 100킬로미터에 가까운 먼 길이다. 요즘처럼 길이 좋지도 않았지만 빌립은 멈추지 않았다. 에디오피아 내시 같은 고관을 전도한 것은 떠벌이고 자랑할 만한 일이었는데도 빌립은 과거의 업적에 머물지 않고, 성령님의 움직이심을 따라가며 복음 전하는 사역을 계속했다.

"너희 눈을 들어 밭을 보라 희어져 추수하게 되었도다"(요 4:35).

할 일은 정말 많은데 일꾼이 부족하다. 빌립은 정말 다이나믹한 모바일 성전이었다. 눈을 감고 상상만 해도 가슴이 뛴다. 그의 사마리아 사역과 에디오피아 내시 전도 사건 두 가지만 봐도, 그가 아소도에서 가이사랴까지 어떻게 움직였을지 짐작이 간다. 크리스천이라면, 하나님의 일꾼이라면 이렇게 살아야 하지 않겠는가. 자기 문제에만 빠져서 간신히 버티는 신앙생활을 언제까지 계속할 것인가.

생각해보라. 이 일은 단 하루 안에 일어난 일이다. 그 전날 밤 잠들기 전만 해도, 빌립은 다음날 하나님께서 행하실 일들을 알지 못했다. 하나님의 사람에게 있어서 내일은 전혀 뜻밖의, 엄청난 하나님의 예비하심이 기다리고 있는 시간인 것이다. 그러므로 아침마다 흥분된 가슴을 누르고 하늘을 우러러 말씀드려보라.

"성령님, 오늘 제게 어떤 일을 시키시렵니까?"

우리는 유명하지도 않고, 신문 방송에 나지도 않지만 위대한 영적 전사들이다. 우리가 가는 곳마다 복음이 전파되어 사람들이 변하고, 병든 자가 일어나고, 어둠의 영들이 떠나가며, 우울증이나 불면증에 시달리거나 자살을 생각하던 사람들이 치유된다면 얼마나 기쁘겠는가!

   하나님께서는 빌립을 에디오피아 내시에게 보내셨듯이 우리를 보내실 곳이 많으시다. 그런데 사탄이 자꾸 우리를 게으르게 하고 무기력하게 만들어서 사명에 뛰어들지 못하게 한다. 우리 모두 정신을 차리고 일어나자. 성령의 생수로 깨어나자.

   "주님, 나를 사용하여 주시옵소서. 나를 보내주시옵소서!"

열리는 능력시대

초판 1쇄 발행	2012년 11월 30일
지은이	한홍
펴낸이	여진구
책임편집	김수미
편집 1실	안수경, 이영주, 김소연, 박민희
편집 2실	김아진, 최지설, 유혜림
기획·홍보	이한민
책임디자인	정해림 ǀ 이혜영, 전보영, 마영애
해외저작권	김나은
마케팅	김상순, 강성민, 허병용, 이기쁨
마케팅지원	최태형, 최영배, 이명희
제작	조영석, 정도봉
경영지원	김혜경, 김경희
이슬비전도학교	엄취선, 전우순, 최경식
303비전성경암송학교	박정숙, 정나영, 정은혜
303비전장학회 & 303비전꿈나무장학회	여운학
펴낸곳	규장

주소 137-893 서울시 서초구 양재2동 205 규장선교센터
전화 02)578-0003   팩스 02)578-7332
이메일 kyujang@kyujang.com   홈페이지 www.kyujang.com
트위터 twitter.com/_kyujang   페이스북 facebook.com/kyujangbook
등록일 1978.8.14. 제1-22

ⓒ 저자와의 협약 아래 인지는 생략되었습니다.
이 출판물은 저작권법에 의해 보호를 받는 저작물이므로 무단 전재와 무단 복제를 할 수 없습니다.

책값 뒤표지에 있습니다.
ISBN 978-89-6097-288-9 04230
      978-89-6097-706-8 (세트)

규 ǀ 장 ǀ 수 ǀ 칙

1. 기도로 기획하고 기도로 제작한다.
2. 오직 그리스도의 성품을 사모하는 독자가 원하고 필요로 하는 책만을 출판한다.
3. 한 활자 한 문장에 온 정성을 쏟는다.
4. 성실과 정확을 생명으로 삼고 일한다.
5. 긍정적이며 적극적인 신앙과 신행일치에의 안내자의 사명을 다한다.
6. 충고와 조언을 항상 감사로 경청한다.
7. 지상목표는 문서선교에 있다.

하나님을 사랑하는 자 곧 그의 뜻대로 부르심을 입은 자들에게는 모든 것이 合力하여 善을 이루느니라(롬 8:28)

Member of the
Evangelical Christian
Publishers Association

규장은 문서를 통해 복음전파와 신앙교육에 주력하는 국제적 출판사들의 협의체인 복음주의출판협회(E.C.P.A·Evangelical Christian Publishers Association)의 출판정신에 동참하는 회원(Associate Member)입니다.